U0753932

TUOGAO JIANGHUA YU
JIXING YANJIANG

脱稿讲话与即兴演讲

说话不打草稿，照样滴水不漏

端木自在◎著

立信会计出版社
LIXIN ACCOUNTING PUBLISHING HOUSE

图书在版编目（CIP）数据

脱稿讲话与即兴演讲/端木自在著.--上海：立
信会计出版社，2016.8

（去梯言）

ISBN 978-7-5429-5120-5

Ⅰ.①脱… Ⅱ.①端… Ⅲ.①演讲－通俗读物 Ⅳ.
①H019-49

中国版本图书馆CIP数据核字（2016）第158144号

策划编辑　蔡伟莉
责任编辑　蔡伟莉　彭秋龙
封面设计　久品轩

脱稿讲话与即兴演讲
TUOGAO JIANGHUA YU JIXING YANJIANG

出版发行	立信会计出版社			
地　　址	上海市中山西路2230号		邮政编码	200235
电　　话	（021）64411389		传　　真	（021）64411325
网　　址	www.lixinaph.com		电子邮箱	lxaph@sh163.net
网上书店	www.shlx.net		电　　话	（021）64411071
经　　销	各地新华书店			

印　　刷	固安县保利达印务有限公司			
开　　本	720毫米×1000毫米	1/16		
印　　张	14.5		插　　页	1
字　　数	178千字			
版　　次	2016年8月第1版			
印　　次	2017年10月第4次			
书　　号	ISBN 978-7-5429-5120-5/H			
定　　价	36.00元			

如有印订差错，请与本社联系调换

前　言

在需要当众讲话的场合，常见的现象就是发言稿早已写好并印发到与会人员手中，讲话者上台只不过是读一遍，过过场，上上镜头而已。即使有插话，也只是偶尔现象。开会的时候照稿念，无稿不成言，无稿不成会，无稿心慌慌，不念稿就不会讲话，甚至接受媒体采访，面对记者关于数据等要点问题的频频追问，也以事先写好的文稿应对，破绽百出。这种唯"稿"独尊的讲话模式，听众早已见惯不怪。

这其中的原因可能有因为工作过于繁忙，自己没时间动手准备，也有怕脱稿发言失语，引发不必要的麻烦，索性照稿子一字一句念；还有的存在懒惰思想，不肯花精力做过多准备。因此，尽管公众和官员年年期望领导脱稿即席讲话，但长期以来很难出现。

"心无二用"，讲的是人在一个时空点上脑子只能想一件事。读稿时，脑子要高度紧张地看文字，念字发声，害怕念错，就不容易出现形象生动的画面，所以读出来的语言就容易平淡，不生动。所以，脱稿讲话就显得尤为重要，甚至有国际政治观察员评论，脱稿演说，也是党内民主议事的一个重要方面。那么，脱稿讲话有什么好处呢？

脱稿演讲时，脑子在组织语言时有生动形象的画面出现。有画面，就会触景生情，语言自然容易生动形象，抑扬顿挫。读稿，眼睛要一直看着文稿，无法和观众进行视觉交流；脱稿演讲，眼睛不用看稿子，能够一直看观众。

眼睛看观众有三个好处：一是可以让眼睛说话，表达自己的喜怒哀乐；二是可以和观众进行眼神交流，传达自己对他们的关注和善意；三是可以观察观众反应，及时调整自己的思路和语言。

文字稿，讲究结构严谨，语言准确，并且有字数限制，不能超时。一旦你要读稿，文字稿就形成了一个框框，框住了思维和语言。时间有限，你要严格按照文稿将全文读完，不能随便插进即兴语言，也不能随意停顿，才能保证不超时。

脱稿演讲时，有个大概提纲，讲的时候可以现场调整思路和时间，还可以结合现场情况增减讲话内容。

另外，脱稿讲话对讲话人自身来说，也有三方面的益处。其一，彰显调查研究之功。即当地民情、社会情况、经济发展情况和上级政策明，能说出令人信服的观点，提出合理的意见，使讲话符合实际，发人深思。其二，拉近和听众的距离。有些官员讲话拖泥带水，其中一个原因就是严重脱离群众。其三，体现深厚文化功底。脱稿讲话可能只是一两个小时。脱稿讲话能打动下级，打动公众，也需要备课。而备课有长期与短期，有打文字稿和打腹稿之分。而今，新一届中央领导集体讲话能引发社会反响，能在严肃场合侃侃而谈，这也是他们长期读书思考的结果。

脱稿讲话是个人魅力的集中展示，无论是在严肃的工作场合还是平时的聚会活动，发言讲话用脱稿的方式，都会让听众更愿意接受。

《脱稿讲话与即兴演讲》不仅有适用于脱稿讲话的理论基础，更有具体场合的即兴演讲技巧，向大家展示脱稿讲话的诀窍，其中一些精彩的范例更是能让大家受益良多。希望本书能让每一位读者朋友克服脱稿讲话的恐惧，并在需要即兴讲话的场合轻松应对。

目 录

不懂脱稿，还敢当众讲话

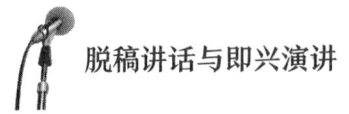
脱稿讲话和即兴演讲可以套公式

语言的魔力：讲话间掌控人心

一开口，让全世界都听你的

不懂脱稿，还敢当众讲话

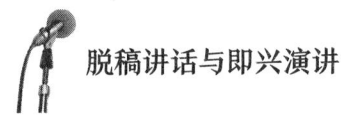

第一章
是什么原因让我们无法脱稿讲话

内向性格导致害怕当众讲话

在现实生活中存在着这样一种现象：有一些人各方面的能力都很优秀，唯独不敢在众人面前进行脱稿讲话，每当遇到这样的情况时，他们都紧张不已，甚至有的人还会选择逃避……其实，这样的情况不仅体现在这些优秀的人身上，每个人都或多或少地恐惧当众讲话，尤其是那些性格内向的人。他们平时就不太爱说话，不愿意与人交流，更加恐惧当众讲话，因为不知道应该说些什么，或者怎样去说。一遇到需要发言的场合就闪闪躲躲，不愿意去面对，越是这样害怕越是不敢讲，久而久之，这种当众脱稿讲话的能力就会越来越弱，甚至会失去这项能力。

这就和练习英语听力的状态差不多，如果不经常练习，英语听力的水平一定会下降，而它导致的结果就是害怕听力考试。放在脱稿讲话上也是一样，越是不开口说，不练习，就越不知道怎么说，也越害怕遇到这种场合，时间长了，这种能力自然就会弱化。

　　李晓燕的性格很内向。她小时候是在农村跟外祖母一起生活的。外祖母觉得她父母不在身边，生怕她受委屈，因此对她是百般疼爱。因为从小的生活环境所致，李晓燕接触到的人不多，与人交往也少。偶尔与周围的邻居说话都脸红，更不用说面对一群人展示自我了。

　　有一次，全校组织演讲比赛，需要每一位学生都积极参加，李晓燕不可避免地要面对当众讲话的场面。她上台前就感觉非常紧张，害怕一下面对那么多人。于是她刚站在台上就脸红了，接下来的演讲当然也没有成功，紧张和恐惧的心理让她没说几句就匆匆地下台了。后来，只要是遇到当众讲话的场合，她就找各种理由进行推脱，从来不试着去锻炼自己。

　　参加工作后，因为自己不善言谈，人际关系也不是很好，但她想的是，自己作为普通的职员，只要做好自己本职工作就可以了。可没想到的是，当众讲话无处不在。比如说，平时需要和领导汇报工作，给同事们介绍工作情况，等等。而李晓燕每次遇到这样的场合都是紧张不已，始终克服不了这个缺点。

　　故事中李晓燕选择逃避讲话是非常不理智的做法。因为当众讲话伴随着一个人的职业发展悄悄地来到人们面前，无论处在什么样的岗位，都需要进行当众讲话，逃避是解决不了任何问题的。更重要的是，不常开口讲话的人说话能力就会弱化，遇到人多的场合就不知道说什么，然后会因为没有底气而害怕遇到这些场合，甚至只要一想到需要当众讲话，就会非常恐惧和忧虑。越恐惧越不敢说，越不说越不会说，长此以往，就形成了不敢说话的恶性循环。

我们要想不断提高自己的讲话能力，就要学会正视自己面临的问题，在平时多说，多练。只有反复练习，不断地提高自己讲话的能力，才能熟能生巧，练就出色的口才。

美国总统林肯出身于农民家庭，当过雇工、石匠、店员、舵手、伐木工等，社会地位卑微，但从不放松口才训练。17岁时，他常徒步很远来到镇上，听法院里的律师辩护，听传教士布道，听政界人士演说，回来后就寻一无人处精心模仿演练，口才终于有了进步。1930年夏，他为准备在伊利诺斯一次集合上的演讲，面对光秃秃的树桩和成片的玉米，一遍又一遍地试讲。后来他又连任两届总统，也成了著名的演说家。

林肯总统无论是在平时生活还是在工作中，都不断练习说话，提高自己的口才，这就为他后来成为伟大的演说家奠定了基础。所以，我们要想提高自己的口才，面对脱稿讲话毫不怯场，就要注意平时多练习。

成长过程中留下了阴影

有些人在脱稿讲话时容易卡壳，也就是人们常说的"关键时刻掉链子"。这其中的原因可能与讲话者的成长经历有关。成长经历中的一次或几次比较特别的讲话经历会对讲话人产生深远的影响。而导致人们面对类似场景掉链子的多数都是不好的经历，比如一次重大失误或者一次非常失败的演

讲。这些失败的经历平时会潜藏在某一个角落，让人不容易察觉到，一旦类似的情况再出现时，它们就不由自主地出来，从而让讲话人出现卡壳或掉链子的情况。

一位著名的心理学专家说，成长中一次失败的经历会对后来的生活产生重大的影响，也许会在心中留下"阴影"。讲话的经历也不例外。一旦有相关的或相似的内容出现时，讲话就会卡壳，无法顺利地进行，这就充分说明了在关键时刻容易掉链子在很大程度上是由我们的成长经历所决定的。

这种由于成长经历造成的"阴影"，让人们在当众讲话，尤其是脱稿讲话时脑子里一片空白，或者因为恐惧，担心再次失败而不知所措，语无伦次，闹出种种笑话，甚至有人还会深度怀疑自己的能力。

这样的情况也发生在李先生身上：

李先生从小就很聪明，为人也很开朗，在学校也喜欢参加一些文艺活动。有一次，班里举办一次演讲比赛，李先生自然也报名了。

在演讲的时候，面对众多老师和学生，他才发现自己是如此紧张，他感到脑子里一片空白，不知道要说什么。最终只是草草地说了几句，就下台了，这次演讲的失败给他留下了深刻的印象，以致在以后的每次演讲都会受其影响。

在初二的时候，学校要求每个班级组织演讲比赛，李先生精心准备了材料，他害怕上次的失败再次重现，害怕像上一次那样紧张地说不出话来，在老师和同学面前出丑。怀着这些复杂的心理，他登上了讲台，面对眼前这么多的人，他又开始紧张，同样的情景又出现了，看着老师和同学们期待的眼神，他焦急而又不知所措，

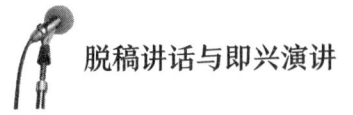

可想而知，这次演讲又一次失败了。

　　虽然事情过去很多年了，随着他走上了管理岗位，每逢遇到重要的场合时，他总会嗓子眼发紧，脑袋空白，说不出话来……

成长过程中经历的痛苦势必会给以后的人生带来影响。年幼的一次失败的演讲，在李先生的心底刻上了印记，致使以后在当众讲话的时候，还会担心出现类似情况。显然，这些痛苦的经历让他难以释怀。

　　在我们成长过程中，难免会经历一些创伤的事件，这就在心里形成了"心结"，用俗话说也就是"一朝被蛇咬，十年怕井绳"。尤其是在公开场合讲话，讲话者要是在众多人面前出丑，势必会强烈打击他们的自信心。这样的心结会在心中久久挥之不去，进而影响以后的讲话。

　　心中之所以有"阴影"是因为不能够突破自我，其实一次失败的讲话并不可怕，一次在关键时候的卡壳也并不可怕，可怕的是一生的失败。所以，请不要为自己的经历而懊悔不已，抛开成长的经历，把每一个失败或者失误当作历练，只有这样，我们脱稿讲话的能力才会越来越好。

过于追求完美的心理作祟

　　追求完美的心理在每个人的身上都有体现，但如果超出了一定的限度，也许就会产生问题。因为过度追求完美，让自己执着于关注生活的某一个方面，以致给自己带来了一些不良影响，有些人不能脱稿讲话也是受其所害。由于追求完美，总是对自己和讲话的内容过度关注，生怕因为一点小错误

毁坏了讲话，但是往往越害怕也就越容易出错。

事实上，世界上没有所谓完美的人，脱稿讲话也没有所谓完美的标准。关键是看你怎么想，怎么去对待。如果你站在台上还想着自己准备得不够完美，就一定会有所顾忌，不能完全地放开讲，也丧失了一定能讲好的自信。倘若你对自己充满信心，不去关注或者在意一些细节，也许你就能满怀热情地将脱稿讲话做得很好。

然而，生活中的很多人就是想不通这一点，非得达到完美的境地不可，到头来只是自讨苦吃。

刘女士是某知名大学的教授，她长期致力于学术研究，并且取得了丰硕的成果。最近，她被邀请去参加某一项学术交流的座谈会，为了给自己的学校争光，也为了让更多知名人士认可她，因此，在参加座谈会之前她做了精心的准备。

到了座谈会那天，刘女士非常自信，她知道自己准备得很充分，并且自己的观点和内容也是非常新颖的。可是，在听了许多人的发言之后，刘女士焦虑和担心的表情增添了许多。于是，她就开始反复修改自己的演讲稿，她在纸上标记着这个地方应该怎样讲，那个地方需要怎样讲，讲到哪里需要和别人互动一下，等等。

一个人讲完了，另一个人接着讲……终于到了该刘女士上台讲话的时候，可是此时她还在对自己的演讲稿做修改，直到上台她都觉得讲话的内容不够完美，没有前面一些人讲得精彩。怀着这种心理，她在讲话时犹豫不决，表达没有到位。越是这样，刘女士越是着急，越着急越是语无伦次，最后这次讲话也结束得很仓促。

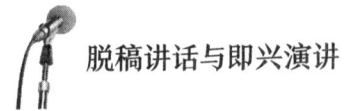
刘女士的心理就是太过于追求完美，她想让自己表现得最出色，也很在意别人对自己的看法，不想输，想要各方面都尽善尽美。这种复杂的完美情节就不断地干扰着刘女士的思维，结果原本可以讲得很好却被自己弄砸了。显然，如果过分地追求完美，输不起的心理并不会让你的表现更加完美，反而有可能会越来越糟。

造成这种心理的因素有很多，其中很大一部分是因为这些人在过分的夸赞下长大，小时候是父母面前的"乖孩子"，上学时是老师面前的"好学生"，不仅学习成绩好，各方面的素质都很好。久而久之，在万般的宠爱下，就把自己的姿态抬高了，他们不允许自己输给别人，这就造成了严重输不起的心理。

要想做好脱稿讲话，就得放弃这种追求完美的心理。只有放弃这种心理，我们才能自信地放开去讲话，毫无顾忌地把想说的话，讲得到位，讲得漂亮。不要害怕出错，要知道，出错是正常的，怕也不能代替出错，与其在意那些细节给自己带来困扰，不如尽力做好自己，不要成为死要面子活受罪的典型。

心里没底气，担心犯错误

在传统的观念里，很多人如果底气不足，就不会去做某些事情。在当众讲话时，如果手里拿着演讲稿，就会觉得底气十足，肯定不会在讲话中出错，这也是很多人之所以依赖演讲稿的原因。手里没稿，心里就没底；心里没底，就可能犯错误。

现如今，随着社会发展，虽然人们已经逐渐地摆脱念稿的形式，但还

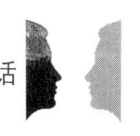

是不能完全地脱稿，尤其是在一些企业中，这有以下两个重要的原因。

一是对自己的工作和对会议的议题心里没底。有些官员平时工作作风存在问题，将工作重心放在迎合上级领导上，脱离基层、脱离群众，不能专注于自己分管的工作，久而久之，业务荒疏，存在着"三少"（即调查研究少、分析问题少、谋划对策少）的倾向。对情况不了解、不熟悉，开口讲话云山雾罩，到了见真章时，只能依赖演讲稿。但这些讲稿大多"高屋建瓴""高瞻远瞩"，缺乏脚踏实地的落实细则，缺少深思熟虑的创新思维，只能用漂亮的口号，用"宏观"的"指导"来掩饰工作的不足和思维的贫乏。本来就心虚，哪有底气脱稿？

二是怕说错话，怕担责。官员要对自己讲话所产生的后果负责，一些官员担心即兴发挥表述不准确，容易引出是非，产生不良的后果，就事先准备好讲话稿。这些讲话稿虽然各方面都考虑周全，四平八稳，不会犯错误，但这种没有实际内容的八股文式的讲话，言之无物。

不仅官员们在脱稿讲话的时候心里没底，怕犯错误，职场中的很多人也是如此。每次公司组织会议让他们发言的时候，他们总是拿着稿子念，不顾稿子上写的是否属实，都会一一照念，这就严重地影响了工作成绩。

为什么很多人在脱稿讲话时会心里没底呢？是因为准备得不够充分，还是因为缺乏自信呢？很多人都把原因归结为第二个答案，也就是缺乏自信。其实，仔细想想，或许有这一方面的原因，可你只要自己准备得够充分，又怎么会心里没底呢？归根结底还是对自己要说的话不熟悉，不知道该讲什么，怕自己所说的话会得不到听众的认可，怕犯错误，甚至害怕在众人面前丧失自己的宝贵形象等。

要想做到脱稿讲话，首先就要对自己的工作有底，做到心中有数。要知道，对工作没有进行深入调研，讲话就会言之无物；对问题没有进行深入思考，讲话就会言之不实。相反，掌握了一手的资料，对自己的工作又进行了深入了解，对问题作了深入的分析和思考，逐渐形成了自己的见解和看法，讲出来的话才能言之有物、言之有据、言之有理，这样讲出来的话才会有底气，才能得到听众的赞同认可。

孙先生是一家建筑公司的项目经理，他主要负责监控项目工程的进度，及时地做出统筹和调配，确保各项工作的有效进行。他对工作非常认真，他负责的每一个项目都是亲自去调查，不敢有丝毫马虎，因此也得到了领导的嘉赏。

有一次，领导要他去勘察一个项目，把调查的情况写好报告，并且向领导汇报。孙先生在接到任务后，立刻动身，他把这个项目的每一项情况都调查得非常详细，并且做好了详细的记录。回去之后，他详细地做成了报告，并且在向领导汇报的时候，也没有看那个他自己写的报告，在领导面前把项目的各项情况以及对策都说了一遍，领导对此非常满意，也很赞赏孙先生脱稿讲话的能力。

显然，因为心里有底才不念稿，才敢脱稿。孙先生对自己的各项工作，做到心中有底，心中有数，这样他就能在领导面前"畅所欲言"，更没有照着稿子念，这样的精神值得每一个讲话者学习。

除了上述的方法外，我们还需要转变说话的方式。在当众讲话时，虽然你很胆怯，但是也不要让别人一眼就看出来，这样你会更加害怕。反而是在开场的时候，有底气地把话讲出来，这样也是从内心给自己鼓劲，增强自己的信心，让自己更加有底气。

没有养成脱稿讲话的习惯

有人之所以不敢进行脱稿讲话，畏首畏尾，是因为他们习惯了当众"念稿子"或不说话，害怕在听众面前失语、失态，甚至担心会出现尴尬的局面。

要知道，脱稿讲话也没有想象的那么难，只要我们改掉被动的习惯，采取积极主动的态度，抓住随处可见的说话机会多加锻炼，就能发现我们都可以成为脱稿讲话的高手。据崔永元、白岩松身边的朋友爆料，在他们成名之前，他们的共同特点是喜欢讲话，有机会必说，有场合必讲。久而久之，他们练得思维敏捷，机智诙谐且思想有深度。像俞敏洪、马云更是不用说，在创业的过程中，大家可以想象，带团队需要讲话；融资需要说服投资人；面对媒体需要机智反应；洽谈业务同样需要能言善辩。他们摸爬滚打这么多年，练就一副好口才靠的正是主动去多说多练的习惯。

练习脱稿讲话也是如此，我们只要多留心周围的事情，便会发现，没有哪种商业、社交、政治甚至邻里间的活动是你不能举步向前、开口说话的。只要我们能够主动开口说话，并且抓住一切机会不停地说，即便开始时比较艰难，在多次尝试之后也会熟能生巧，最后成为健谈者。

有的人经常抱怨想练习说话却找不到机会。其实，路就在脚下，练习讲话的机会随处可见。我们每天都要见人，都要说话，所以到处都是练习的机会。千万不要以为日常的说话不需要什么口才。其实，练习口才的人应该把每一句话都说好，口才好的人一开口就能说上一句好话、一句动听的话。这恰如练习书法，必须先练好每一个字。一个书法好的人，一动笔就能把一个字写好。所以，我们绝不能轻视那些日常生活中的对话。

与其四处找寻机会练习口才，不如在家里先练好。有人说："家庭是练习好口才的第一个场所。"是的,当你在家里的时候,你能给自己的孩子讲清楚一个寓言故事吗?如果不能,就得去找一本儿童文学看看,再来训练,并融合一些有用的趣味知识讲给你的孩子听,使其觉得有趣而想听。这样你便会渐渐了解孩子的语言,懂得如何并敢于与他们交谈了。另外,在家庭中难免会遇到一些琐碎事情,比如经济收支问题、子女教育问题、卫生保健问题、饮食起居问题。如果你能够清晰而准确地让对方提出一些解决问题的措施,进而不影响双方之间的感情,那么你的讲话能力就会取得明显的进步。

在一些社交场合,也要抓住主动说话的机会。所以,我们要尽量地寻找自己当众讲话的机会,大胆地锻炼自己说话的胆量。比如在生日聚会上,你要在合适的时机为宴会致辞;在同学聚会上,你要勇于站出来,向同学们展示内心的想法或者是抒发内心的感情。这样一来不仅活跃了现场的气氛,同时也能锻炼自己讲话的能力。此外要注意的是,我们不要在聚会上浪费一次任何开口的机会,即使是几个同学闲聊也要抓住机会,因为只有在小的场合讲好,才能为大场合讲话奠定基础。

除了家庭、社交场合,我们还不要忘记自己身边的朋友,因为与朋友们谈话也是练习口才的一条重要途径。每个人都会有自己的朋友圈,由于年龄、地域、阶层、职业等方面的不同,需要我们依据朋友的性格调整自己的讲话内容。比如朋友近日要结婚;同事的儿子考取了大学;亲戚的小商店近几个月没什么起色;邻居家中昨晚被盗……我们为了练习好自己的口才,训练自己的说话胆量,试着去了解他们的各种情况,好好找他们谈谈,尽量想出如何帮助、开导、启发他们的谈话内容来。这样,在无形之中,我们拥有的朋友,我们所了解的谈话内容,都会渐渐地多起来,说话的胆量自然也会渐渐大起来。

　　以上的这些场合都是我们练习脱稿讲话的好机会，我们要善于抓住这些机会。时间久了，我们的被动习惯就会逐渐消失，在任何场合，都会积极主动地进行当众讲话。

　　不要害怕做不好，只要你相信自己能做好，就定能把每一次脱稿讲话做得完美。

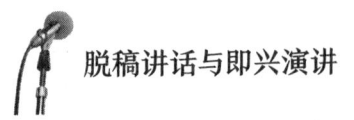

第二章
脱稿讲话存在的三个误区

公众讲话就是脱稿讲话

说到练习脱稿讲话，人们脑海首先想到的可能是到网上或者书上寻找答案，搜索"口才"或者"公众讲话"等内容，认为这些是解决脱稿讲话的实践"教材"。实则不然，这也是脱稿讲话的第一个误区，那就是公众讲话并不等同于脱稿讲话。

如果说"口才"这个范围太大的话，"公众讲话"所涵盖的内容就太窄了，最重要的是它在内容上与脱稿讲话是偏离的。"公众讲话"更偏重于在工作中的一些重要场合演讲，比如一些政治演说、主题演讲、学术讲话等，而脱稿讲话的内容更加实际具体，要求反应迅速，思路清晰，言之有理，让人信服。另外，两者之间的表现手法和风格也有很大差异，"公众讲话"表演性技巧成分多一些，脱稿讲话的实用方法和思路要多一些。我们可以通过一个对比看出两者之间的区别，就以参加比赛的"主题演讲"和实际工作中的"脱稿讲话"为例，前者更像在跳艺术体操，重点体现的是动作的优美与难度系数，而后者就像是广播体操，目的是用来强身健体的，更实用一些。

换一种说法，公众演讲也许只需要一些鼓舞鼓励之类的语言就可以，更加强调"宣传"作用，哪怕说一些空话、套话也能完成任务。但脱稿讲话必须体现出解决问题的实用方法，也要重视交流互动，要求语言更有表达力、感染力，让听众能完全理解明白你的讲话内容。因为开会，除了作报告、专题讲座、布置工作等，一个重要方面内容就是议事，既然是议事，就应当解放思想、求真务实、畅所欲言。有一个成语叫"议论风生"——只有大家广泛地议论、交流起来，其场面才会活跃，各种思想观念才得以展现并相互碰撞，大家才有更多收获。所谓"风生"，实为思想之风生生不息。比如改革开放总设计师邓小平就是一位优秀的语言表达大师。他的"不管黑猫白猫，能抓住耗子的就是好猫""要学会摸着石头过河""不走回头路"等，亲切平和，形象生动，朗朗上口，又寓意深刻。在语言中注入了丰满的公共性，已经深刻影响社会改革开放的进程。

综上所述，公众讲话与脱稿讲话从专业角度讲也不是一个层级的概念。这也是为什么很多人从网络或口才书上学到的东西，在实际生活中不适用的原因。

脱稿讲话可以速学速成

任何事情都是有规律的。脱稿讲话就是一种规律性的技能，需要循序渐进，不能一蹴而就。俗话说"一口吃不成胖子"，脱稿讲话也是这样，它需要我们从易到难，一步一步练习实践。虽然有人说养成一种习惯或改掉一个坏习惯，需要连续重复练习 21 次。但想要 21 次就能顺利脱稿，显然是不可能的。

脱稿讲话是靠长期训练得来的。古今中外一切口若悬河、能言善辩的演讲家、雄辩家，他们无一不是经过长期刻苦训练而获得成功的。

我国早期无产阶级革命家、演讲家萧楚女，更是靠平时的艰苦训练，练就了非凡的口才。萧楚女在重庆国立第二女子师范教书时，除了认真备课外，他每天天刚亮就跑到学校后面的山上，找一处僻静的地方，把一面镜子挂在树枝上，对着镜子开始练演讲，从镜子中观察自己的表情和动作。经过这样的长期训练，他掌握了高超的演讲艺术，他的教学水平也很快提高了。著名的数学家华罗庚，不仅有超群的数学才华，而且也是一位不可多得的辩才。他从小就注意培养自己的口才，学习普通话。他还背了唐诗四五百首，以此来锻炼自己的说话能力。

美国前总统林肯为了练口才，徒步很远，去一个法院听律师们的辩护，看他们如何辩论，如何做手势。他一边倾听，一边模仿。他听到那些云游八方的福音传教士挥舞手臂、声震长空的布道，回来后也学他们的样子。他曾无数次地对着树、树桩、成行的玉米练习口才。

这些名人与伟人为我们训练口才树立了榜样，我们要想练就脱稿讲话的能力，就必须像他们那样，一丝不苟，不断训练。所以说，脱稿能力需要的是慢功。而有些人之所以在脱稿讲话上遇到了各种困难，并不是因为脱稿本身的难度系数大，而是练习者太过心急，耐不下性子系统地、有针对性地学习。

脱稿讲话就是知识的累积

　　脱稿讲话的第三个误区就是，认为知识丰富就可以脱稿。也许有人要问，这个怎么能是误区呢？脱稿讲话本来就是件知识累积的事，那么，请想一想，为什么网络和书籍为我们提供了那么多的相关资料，可还是没有提高我们脱稿讲话的水平呢？

　　这其中有两个最主要的原因，分别是知识与技能的认知和讲话人对自身情况的认识。前一个因素的意思是说，很多人把脱稿讲话当做知识积累，实则它更像是一门技能。知识通过学习可以获得，而技能除了要求学习外，更多的是在实践中不断练习。"一日不练自己知，两日不练街坊知，三日不练观众知""隔日不唱口生，三日不练手生"等俗语也是这个道理。当年的老北京，天桥地区卖艺的人中流传着这样一句话"三年的胳膊，五年的腿，十年练成一张嘴！"，这充分说明了说话艺术在各种技能中的掌握难度。所以，要想练好脱稿讲话，从网络和书籍上积累知识固不可少，但也不要忘记勤于练习。如果说知识是脱稿讲话的必要前提，那么，练习和实践就是实现最终效果的重要保证。

　　而对自身情况的认知的意思就是要综合分析自己讲不好的原因。一般来说，由于自身情况无法提升脱稿讲话能力的因素主要有三个：第一，心理因素，即讲话者的紧张、恐惧心理。第二，思路问题，即讲话人条理不清晰，组织驾驭语言的能力较弱。第三，讲话者对内容的把握，简单说就是对自己要讲的话是否熟悉、理解，心里是否有话可讲。如果这三个方面欠缺，就绝不是积累知识就能解决的问题了。它需要讲话人，尤其是性格内向，有自卑心理或不良心结的人，在学习积累相关资料的同时，找出自己的症结所在，勇敢面对自身问题，寻找解决方法，或者通过他人的指导加以克服。总之，最不可取的是退缩、逃避，否则难以有成功脱稿的一天。

正常来说，多说多练多实践，能有效解决脱稿讲话时自卑紧张的心理问题，但也并不是适用于所有人。因为那些练习效果不稳定，经常反复的人，一定有深层面的心理问题需要解决，要想提升脱稿能力，对其加以探究并将其攻克才是最重要的。

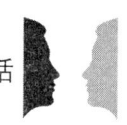

第三章
一次脱稿胜过十次照稿念

脱稿讲话能增强交流互动

脱稿讲话重在交流，一次成功的讲话，并不是客观事理的空洞说教，而是思想情感的真诚交流，真挚而热情地互动。的确，现在的一些人在发言的时候，拿着稿子照念时，往往都是一个人在独唱，没有和下面的听众做一些必要的互动，像是把自己隔离出来，机械式地重复讲稿上的话语。这样的讲话势必会索然无味，甚至会遭到厌倦。因此，我们在讲话时，最好采用脱稿讲话的方式，因为脱稿讲话有助于增强交流，可以采用各种方式增加与听众之间的互动，实现与听众之间的双向交流。

在生活中，无数的例子也充分地证明，脱稿讲话有助于增强交流和互动。请看下面的典型例子，张先生是北京一家食品公司的经理，他介绍麦当劳连锁经营方式的讲话是这样的：

我想问大家一下，谁到麦当劳吃过饭？（等听众回答）好，基本上都去过。那么大家知道吗，麦当劳在世界上平均每2个小时就建一个店，而且麦当劳的质量好，标准又非常统一，每个店几乎是一样的。你知道是为什么吗？（停顿）因为它采取的是连锁经营的形式。那么什么是连锁经营的形式？简单地说，就是把工业化生产原理运用到连锁企业经营当中。什么是工业化生产形式呢？就是由工厂来生产。比如，咱们穿的衣服，几乎都是买的成衣，都是在加工厂加工出来的，而不是在一个小的服装加工部加工出来的。为什么要在加工厂加工出来？因为加工厂能够把复杂的衣服分解成无数个细小的单元，由专业的设计人员去设计服饰、样品，由专业的人员去裁剪，由专业的机工轧每个部位，由专业的人员锁眼，专业人员进行熨烫，这样就能保证衣服能以最低廉的价格、最快的速度、最好的品质、统一的标准加工出来。

所以，从这个意义上讲，麦当劳不是建出来的，而是在流水线上生产出来的。这样才能够保证麦当劳快餐连锁店建店的速度最快，质量最好，标准统一。这就是麦当劳能够在世界上大行其道，每2个小时建一家店，并能保证它的品质和标准的最根本的原因。

张先生在整个脱稿过程中，层层深入，带着听众跟着他的思路走，用了五个问句，形成了一条线，清楚明了地向听众阐述出来。最为巧妙的是，他采用提问的方式创造出了他与台下听众专心交流的感觉，制造了轻松愉悦的氛围，从而达到了沟通目的。所以，为了达成有效的互动交流，我们也可以在讲话中设计几个有力的提问，这将大大增加讲话的沟通指数。

圣弗朗西斯科的喜剧教练约翰·坎图说过："通过唤起听众情感上的共鸣，让他们参与到脱稿演讲中来。也许在生活中有一些特殊事件对人有很多特别意义——比如说人生中的许多第一次，第一辆车，第一次约会……

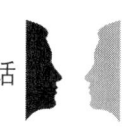

这些都可以引入到脱稿讲话中去。这里有一件事需要注意——必须澄清为什么你要让听众想这些情感上的东西。它必须与你的讲话有关并且能够说明问题。"的确，找一些可以引起类似感觉的情况，然后将它与你要让听众想象的东西联系起来就行了。

成功的演讲并不是一个人在讲，而是在场的所有人都在讲。脱稿讲话者，在不念稿的时候，会把更多的注意放在听众身上，会有更多的机会与观众进行情感和心灵的互动，从而达到调节现场的气氛的效果，为现场增添了许多乐趣。

脱稿发言能让人畅所欲言

一次座谈会上，很多资深的学术专家都前来参加会议，虽然是学术交流会议，但是场上气氛显得格外的"冷清"。参加会议的每一位学者都拿着自己准备的演讲稿，轮到自己的时候就按照上面的文字读了起来，虽然看起来很好，很顺畅，但只是稿件上的一些想法，缺乏生动性，只是在像机器一样向人们传达信息，除了稿子上写的，说不上其他的事情。看似每个人都做好了自己的部分，但实际上这种学术交流会议是无效的。

有人曾说："与其念稿子，不如找个播音员。"的确，念稿子会限制我们的思维，禁锢我们的思想，这样一来，就不能使我们畅所欲言表达自己的思想，还会使现场的气氛沉闷不已。

而脱稿讲话就不会受这方面的限制和拘束，讲话者根据已有的知识，进行发散式地解说，或许还可以根据当时的情况发表一下自己的看法，全场的讲话不是按一定的框架去说，而是想说什么就说什么。但值得注意的是，这种畅所欲言不是胡乱地讲解与主题无关的事情，胡乱闲扯，而是根据现有的话题，联想出与话题相关的事情，让人们能够感受一场话题盛宴。

下面我们来看这样一个座谈会，脱稿讲话让人们在会议上畅所欲言地表达了自己的想法。

在某校研究生会办公室里组织和召开了一次座谈会，很多老师都参加了这次会议。在这次会议上，研究生处李淑华在开始的时候，脱稿为大家阐述了国家教委关于创新创业教育的一些相关政策和理论指导。其中李老师谈到了创新的来源，创新创业教育开展的必要性，创新创业教育体制的发展，关于在校学生开展创新创业活动的资助，校园创新创业活动的开展情况等一系列大家关注并困惑的问题。

听了李老师的深入浅出的阐述后，其他人的热情也被激发起来。其他老师也提出了心中的疑惑，并积极加入到关于创新创业活动的讨论之中。其中大家共同讨论的主要话题是高学历创业是否是社会资源的浪费。就这一问题，王老师进一步深入地阐述教委关于提倡创新创业的初衷。创新创业，不是要求大家都自己开办企业，创新创业是一种思维模式。创新创业要求我们创造性地学习，要求我们转变思维方式，进行创新性的研究。无论在什么工作岗位上，这种创新创业的精神将是我们人生的一笔宝贵财富。

随后就社会创新创业的大环境，以及创业所需要具备的条件展开了进一步的讨论。他们也将这一讨论逐渐深化到研究生生活之中。希望学校能够多开展一些创新创业活动，开设创新创业课程，使研究生既有扎实的理论功底又有相应的实践能力。在这一点上，李老师也提到学校率先开设的 MTI 专业硕士，正是创新创业教育体制的一种形式，既要学习翻译的理论，更要注重翻译的实践。学校研究生处也将竭尽全力多开展创新创业活动，开设创新创业课程，培养研究生的创新创业思维。

在这次座谈会中，没有一个人照着稿子念，大家都是脱稿，畅所欲言地表达自己的看法，两个多小时飞逝而过。座谈会最后，他们还分别就这次座谈会发表了自己的感想与收获。

显然，"脱稿发言"，能够让人们畅所欲言。在学校组织的座谈会上，老师们没有讲那些空话套话，他们打破了传统照稿念的模式，对现场提出的问题进行思考，进而表达自己的想法，用真心与其他人进行沟通。

脱稿讲话可以使人们畅所欲言地表达自己想说的。所以，我们要鼓励和解放表达，抛弃古板的念稿模式，自觉地追求个性的表达，这样才能共同汇聚成蓬勃向上的"中国好声音"。

脱稿汇报赢得上司的欣赏

在企事业单位或者机关单位都会出这样的情况：上级让下级汇报工作，下级手里总会拿着汇报材料，照本宣科。这样的汇报材料少有七八页，多则十几页，几乎汇报材料上的每一条都会逐字念给上级听。殊不知，也许上司早已听得不耐烦，要知道，几十页的材料会占用上级大量的时间，并且还不能马上听到有效的信息，这就大大地降低了工作效率。

其实，这样的回报方式在企事业单位中很常见，但这种方法已经不适应新时代的发展了，在这个充满竞争的社会，每一位领导者的时间都是很宝贵的。他们大多不喜欢形式主义的汇报工作，更希望听到切合实际的有效消息。脱稿汇报就是一种非常有效的方法，它不是让你把十几页的材料都背诵下来，而是对材料进行整理归类，选择重点内容来记，然后将其汇报给领导，实际上领导希望听到的也是这部分重点，这样可以大大缩短汇报时间。此外，脱稿汇报也让你更熟悉工作内容，体现出你对工作的认真负责，领导必定对你更加欣赏。《解放军报》于 2003 年 6 月 23 日在第 3 版上刊登过这样一篇报道。

济南军区某团新任政委李文舸带领机关有关人员到各连队了解情况。一些连队主官动开了脑筋：先到机关找人打听李政委的思维习惯，再翻阅上级近日下发的一系列指示，然后根据本连特点进行认真准备——十几页甚至几十页的汇报提纲装订得整整齐齐。个别连队主官甚至还准备了一摞资料卡片。

李政委先来到炮连，他拿过王指导员的汇报提纲，边翻看边点名让张连长汇报有关问题。"你认为连队官兵目前最关心的是什么？""你们连近段时间遇到了什么问题？""问题是怎样解决的？"……张连长匆匆忙忙在汇报提纲中寻找答案，李政委却和蔼地说："请脱稿汇报。"

没想到，这样一脱稿，张连长顿时乱了"阵脚"，汇报起来磕磕巴巴，一些数据前后矛盾。李政委先后转了5个连队，全部要求"脱稿汇报"，结果不少连队出了"洋相"。

事后，李政委语重心长地说："脱稿汇报'卡壳'，说明我们肚里'无货'啊。念稿子洋洋万言，空话、套话连篇，能让上级充分了解情况吗？大家只有'身在兵中，兵在心中'，多在实践中摸索带兵规律，仔细掌握官兵的思想实际，汇报起来才能讲出属于自己的东西。"这一番话让不少连队干部感到羞愧。

紧接着，团党委做出一项决定：今后各种日常会议和领导机关干部到营连了解情况，一律要求口头汇报，不提倡写汇报材料。

可见，不能脱稿汇报工作的下属是不会得到上司的欣赏，虽然自己辛苦准备几十页的汇报材料，但是上级也不会认同你的做法，自然是徒劳无功。所以，在汇报工作时，要脱稿汇报，用自己的语言把实际情况向领导和上级讲清楚，这样的讲话自然会受到上级或领导的欣赏。

但是在现实生活中，很多人因为肚里"无货"，不敢脱稿汇报，怕因为一些事情说错话。究其根源就是他们没有深入去了解和调查，如果所有情况自己都亲自弄清楚了，就不会害怕脱稿汇报说错话。只有真正走下去搞调研，查看市场动态，才能更真切地看清本地区、本单位的优势和不足，也才能真正总结出经验，吸取到教训，争取到支持，也必将有力推动本地区（本部门）更好地开展工作。上级在听你精心准备的脱稿汇报时，自然会非常满意，定会对你刮目相看。

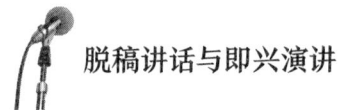

脱稿讲话容易拉近与听众的距离

脱稿讲话可以让人们摆脱念稿子的死板状态，以更鲜活的姿态展示在人们的面前，不念稿子，就可以更多地照顾到听众的情绪和感受。想办法设计一些独特的方式来吸引观众，显得亲切没有隔阂，这就更多地体现了亲和力，拉近听众与自己之间的距离。这种距离被打破了，才能实现与听众更多地交流和互动，讲话才会更加的顺利精彩。

作家老舍在一次即兴发言中是这样说的："听了同志们发言，得到很大好处，可惜前两次没来，损失不小……今天来的都是专家，我很怕说话，只好乱谈吧。"如此"抑己扬人"的开场白，以谦逊坦诚的口吻，一下子拉近了演讲者与听众之间的距离，消除了听众对一位名人可能产生的敬畏心理。另外，老舍说自己是"乱谈"，也就表明自己不是居高临下作演讲，而是平等地和大家交流意见罢了。如此平易近人，自然会获取听众的好感，创造融洽的现场气氛。

在脱稿讲话的过程中，听众虽然处于客体地位，但绝不是被动的"接收器"，而是积极的参与者。如果听众一开始就对演讲者及演讲内容有好感、有兴趣，自然会报以热情；反之，就会视而不见、听而不闻，甚至早早退场。因此，有经验的讲话者都十分注重自己与听众的关系，总会主动地拉近自己与听众之间的距离，从而为现场营造和谐氛围。

传媒大亨比尔在一所贫困的大学做演讲，题目是"不要仇恨这个世界"，用自然而亲切的语言打动了听众，这就拉近了与听众之间的距离，让听众自然而真切地感受自己的想法。

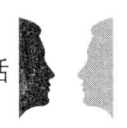

　　小时候，我靠卖报养活自己。那个年月，报童有菜园里的蚂蚁那么多，瘦小的便不容易争到地盘。我常常挨揍，吃尽苦头。从炎热的夏日到冰封的隆冬，我都在人行道上叫卖。

　　一个暮春的下午，一辆电车后拐过街角停下，我迎上去，准备通过车窗卖几份报纸。车正在启动的时候，一个胖男人在车尾的踏板上说："卖报的，来两份"。我迎上前去进上两份报。车开动了，那个胖男人举起一枚硬币却并不给我，只是笑着看着我。我追着说："先生，给钱。"

　　"你跳上踏板，我就给你"。他哈哈笑着，把那个硬币在两个掌心搓着。车子越开越快。

　　我把报纸从腋下转到肩上，纵身一跃想跨上踏板，脚却一滑，仰身摔倒……

　　谢谢上帝，艰难困苦是好东西，我感激它。如果不是它，我不会有今天的成就，不过，我更要感激这个世界，因为它不仅有坏人，而且它有更多的好人，靠了这些我才没有沉沦，才没有一味地把世界恨死。

　　……

　　从传媒大亨比尔的讲话中可知，他以描述小时候的苦难开始，引出主题：艰难困苦是一件好东西，我们应该感激这个世界。他以自己的亲身经历和感受，贴切地安慰了一颗颗成长的心，一下子就引起了全部听众的共鸣，用真情感动了听众，这就自然拉近了他与听众之间的距离，演讲也自然会取得良好的效果。

　　为了让听众更好地接受自己的演讲，拉近与听众之间的距离，我们就需要采取方法来增加与听众之间的互动和交流。比如，你可以适当地暴露自己的短处，你可以在开场的时候加点笑料，你还可以让自己语言充满更多的情感，用真情打动听众……不论你采取哪一种方法，只要是能拉近与听众的距离就可。除了采取技巧之外，自己平时也要广泛阅读，增加自己的知识面，只有这样才能使自己更善于交流。

脱稿讲话和即兴演讲可以套公式

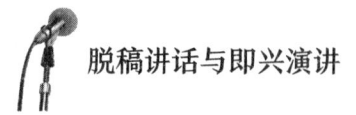

第四章
当众要讲的话从哪里来

在现场发现不经意的亮点

很多人在即兴讲话的时候都很犯愁没有话说，不知道应该说什么，找不到合适的话题。正所谓"巧妇难为无米之炊"，没有话题，讲话就不知道从何讲起。对此，讲话者不妨多留心一下现场的情况，有时候你不经意间的发现会为思维提供灵感，找出合适的话题，也许就不会在讲话的时候发怵了。

在现场，你可以寻找与演讲主题有关的、比较特殊的物体和重要的人群，经过联想把他们融入主题当中去，从而可以借物说事或借人说事。这样一来，即兴演讲就会有更多的亮点，从而吸引众多的听众。

张雨是一个比较木讷的人，不太爱说话。可在生活中，当众讲话是在所难免的，在不知道该怎么说的时候，他学会了从现场找话题，善于从现场中找亮点，这样，在他每次当众讲话的时候都能侃侃而谈。

最近在一次同学聚会上，许多人都纷纷发言，前面的同学都说得非常好，几乎都讲了自己的经历，到了张雨发言的时候，他觉得别人说的都差不多，不应该像其他同学一样，于是他就开始观察现场的同学，经过一段时间的思考后，他是这么说的：

"大家都知道，原来我不太爱说话，可这次我不能不说。因为这次聚会我有三个意外。

第一个意想不到的是赵宇竟然出国发展了。刚刚才听小加说他去美国了，一直以为他在北京发展呢，竟然也向往起美利坚合众国了。

第二个意想不到的是高鹏竟然自己当老板了。看来这家伙是厌倦了百度高层的惬意生活，出来单打独斗了，是不是想体验民生啊？！

第三个意想不到的是娟子竟然购得金屋来藏"孩"。一直听说娟子为了孩子上学买了套学区房，没想到竟然是上千万的豪宅，可谓用心良苦，自愧不如啊！

看着同学们今日的成就，想想当年，真是感慨万千啊！看到桌上的面条，想起了深夜里一起煮方便面吃的弟兄们，每次饭盆轮到张宇那儿，总是只剩下汤；看到徐册，又想起了你追小加时的情境，现在我们都为人父母了，从事的也是各行各业。这份缘分，这份兄弟情，我会一直珍藏。

最后在新的一年来临之际，祝大家事业有成、家庭和睦、万事如意！来——干杯！

这样的话题，身在现场的每一个人都会感到很亲切，张雨就是在现场可以把眼前听到的、看到的人或者事情，用自己的语言组织起来，这不仅表达了内心的真情实感，同时也牢牢地抓住了每一位听众的心。

有没有话说，在于你有没有"现场抓话"的意识。成功的脱稿演讲者都善于从现场中寻找话题，为自己的讲话增添亮点，从而让自己的讲话新奇出彩。此外，从"现场抓话"的方法还可用在事先来不及准备的脱稿场合。只要你善于发现，善于察觉，自然就会找到合适的话题。

下面是某人在地铁上的一次演讲。

在场的乘客朋友们，大家好！非常抱歉，我想在此发表一场简短的演讲，因为有一个非常重要的观点想和大家一起分享。

今天不管是何原因，茫茫人海，我们却相遇到在同一辆地铁上，我都觉得这是一种缘分，如果你愿意的话，可否为我们这样的缘分鼓掌一下。谢谢大家的配合。

今天要跟大家分的观点是什么呢？那就是四个字，叫"快乐有钱"。如果你希望人生过得更快乐，同时也希望人生过得更富有的话，那么这样的一个观点就非常重要了。

我们都知道我们的心情会受外界的事情影响，如天气，金钱，工作的压力，家庭关系，婚姻，房子，等等。在此我想要说的是，不论这些有没有发生，我们都生活在这样的一个现实中，我的过去受到性格，房子，金钱等诸多影响，让我一直过得很有压力，但今天的我完全改变了。这个改变并非因为事情已经全部解决，而是我的心态已经发生了翻天覆地的改变。我不再受外界事物的影响，因为我知道这样一句话：开心是一天，不开心也是一天，何不开开心心过好每一天呢？我们今天生活在成都这样一个非常

美丽的城市，被称为最快乐城市，最具幸福感城市，现代田园都市，这些都是事实。亲爱的朋友们，看看你身边的朋友，每天是不是都洋溢着幸福的笑容呢？这时候，我开始向一对夫妇走去，并且问道："你觉得每天幸福吗？开心吗？"女人回答："每天都有很多烦心事，没有什么值得开心的事情。"

"那你喜欢这座城市吗？"女人回答："喜欢，我想尽力让自己开心起来，可是就是有那么多琐碎的事情，总是开心不起来。"

（说到这里，我离开了那位女士，开始面向大众）我也是非常喜欢和热爱这个城市，我选择我的创业生涯在此，为这座城市的魅力增添色彩。如果你愿意让自己变得更快乐的话，来让我们主动地跟你旁边的那位之前可能还不认识的朋友来一个迷人的微笑好吗？同时再看看有哪一位没有微笑露齿哟，谁不露齿的话，今天我们就叫他"无齿"好吗？开个玩笑别介意啊。微笑是世界上最美丽的语言，请把我们的微笑传递你身边的每一位朋友好吗？我相信如果我们全成都的朋友都能做到的话，这将是世界上最美丽和最有魅力的城市，各位说是不是呢？认同的话掌声鼓励一下。

……

通过这篇讲话我们可以看到，这样的演讲既切合实际，又能得到观众的认可，还可以为自己讲话的内容增加亮点。因此，在以后即兴演讲或者当众讲话的时候，讲话者要善于从现场寻找话题，这样也就不用犯愁没话可说了。

生活中，不管出席什么场合，要说什么话，即使在准备好的情况下，我们也可以从现场寻找一些话题。只有把现场的人和事与论证的观点联系在一起，才能让讲话者与听众达到情感交融，思想共鸣的效果。这样一来，就会为自己的讲话增彩增色，让自己的讲话更加生动地展现在人们的面前。

梳理自身的经历

脱稿讲话属于公众沟通，而公众沟通不仅承载着信息的传递，思想的交流，还有情感的沟通。情感的沟通往往又是最能直指人心，打动听众的。所以，如果在脱稿讲话的时候找不到话题，不妨从你和对方共同经历开始说起，这样不仅找到了共同点，而且这样的讲话也是深受听众喜欢的。简单来说，在脱稿讲话的时候，你不知道怎么寻找话题的时候，你就需要梳理一下自己的经历，找出与人共同的地方，也许能让你的讲话更加真诚、可信。

下面的范例是华中科技大学的校长在学生毕业典礼上的一次讲话，他就充分运用了从经历中找共鸣的方法，让这次讲话深受学生们追捧。这次讲话打动了毕业生的心，令众多学子潜然泪下，如果将这种方式用在脱稿讲话中，不仅能感染听众，更能拉近彼此之间的距离，使听众在心理上与讲话者产生共鸣。

我知道，你们还有一些特别的记忆。你们一定记住了"俯卧撑""躲猫猫""喝开水"，从热闹和愚蠢中，你们记忆了正义；你们记住了"打酱油"和"妈妈喊你回家吃饭"，从麻木和好笑中，你们记忆了责任和良知；你们一定记住了"姐的狂放""哥的犀利"。

未来有一天，或许当年的记忆会让你们问自己，曾经是姐的娱乐，还是哥的寂寞？

亲爱的同学们，你们在华中科技大学的几年给我留下了永恒的记忆。我记得你们为烈士寻亲千里，记得你们在公德长征路上的经历；我记得你们在各种社团的骄人成绩；我记得你们时而感到"无语"，时而表现得焦虑，记得你们为中国的"常青藤"学校中无华中大一席而灰心丧气；我记得某些同学为"学位门"、为光谷同济医院的选址而愤激；我记得你们刚刚对我的呼喊："根叔，你为我们做了什么？"——是啊，我也得时时拷问自己的良心，到底为你们做了什么？还能为华中大学子做什么？

我记得，你们都是小青年。我记得"吉丫头"，那么平凡，却格外美丽；我记得你们中间的胡政在国际权威期刊上发表多篇高水平论文，创造了本科生参与研究的奇迹；我记得"校歌男"，记得"选修课王子"，同样是可爱的孩子。我记得沉迷于网络游戏甚至濒临退学的学生与我聊天时目光中透出的茫然与无助，他们还是华中大的孩子，他们更成为我心中抹不去的记忆。

我记得你们的自行车和热水瓶常常被偷，记得你们为抢占座位而付出的艰辛；我记得你们在寒冷的冬天手脚冰凉，记得你们在炎热的夏季彻夜难眠；我记得食堂常常让你们生气，我当然更记得自己说过的话"我们绝不赚学生一分钱"，也记得你们对此言并不满意；但愿华中大尤其要有关于校园丑陋的记忆。只要我们共同记住那些丑陋，总有一天，我们能将丑陋转化成美丽。

同学们，你们中的大多数人，即将背上你们的行李，甚至远离。请记住，最好不要再让你们的父母为你们送行。"面对岁月的侵蚀，你们的烦恼可能会越来越多，考虑的问题也可能会越来越现实，角色的转换可能会让你们感觉到有些措手不及。"也许你会选择"胶囊公寓"，或者不得不"蜗居"，成为"蚁族"的一员。没关系，成功更容易光顾磨难和艰辛，正如只有经过泥泞的道路才会留下脚印。请记住，未来你们大概不再有批评上级的随意，同事之间大概也不会有如同学之间简单的关系；请记住，别过多地去抱怨，成功永远不属于整天抱怨的人，抱怨也无济于事；请记住，别沉迷于虚拟的世界，还得回到社会的现实；请记住，"敢于竞争，善于转化"，这是华中大的精神风貌，也许是你们未来成功的真谛；请记住，华中大，你的母校。"什么是母校？就是那个你一天骂她八遍，却不许别人骂的地方"。

亲爱的同学们，也许你们难以有那么多的记忆。如果问你们关于一个字的记忆，那一定是"被"。我知道，你们不喜欢"被就业""被坚强"，那就挺直你们的脊梁，挺起你们的胸膛，自己去就业，坚强而勇敢地到社会中去闯荡。

亲爱的同学们，也许你们难以有那么多的记忆，也许你们很快就会忘记根叔的唠叨与琐细。尽管你们不喜欢"被"，根叔还是想强加给你们一个"被"：你们的未来"被"华中大记忆……

通过这位校长的讲话内容，我们看到他使用了一些发生在学生们身边的事件作为材料，这不仅让学生们回忆起了某些大学时光，还道出了学生们毕业后即将面临的问题，什么烦恼越来越多，抱怨越来越多，住的条件肯定会很差，等等。文章没有华丽的文采，但句句都是学生们曾经的真实写照，没有高深的道理，也没有深奥的哲理，更没有旁征博引的渊博知识。

有的只是大家的共同经历，自然让学生们听起来那么亲切，那么自然。

要知道，并不是所有的脱稿讲话都是以讲解知识，做报告为主。有的场合，知识仅是一方面，不应该过分地展示知识，特别是社交场合，大家聚在一起不是来讲知识的，而是增进彼此之间的感情。这时候，发言还是多谈及共同经历的事情，这样就会唤起某些大家共同的回忆，促进感情的升华。

我们的生活工作中充斥着大量的脱稿讲话的场合，这时候，只要我们放平心态，发自内心地说几句我们真心感受到的话，自然就能达到情感的传递的效果。不过，在语言组织上还是有技巧的，要将所感受到的真情实感串起来一层一层地表达，争取做到句句能让听众感受得到，自然能够赢得听众的欢迎。

平时积累，临时不慌

在脱稿讲话没有话题的时候，要从现场和共同的经历说起，但是这种做法并不适用于所有的场合，有的场合不一定适用这方面的话语。所以，有些场合还需要多说些阅读来的话，自己独立思考的话。时代在更迭，社会在进步。当今世界上的任何事物都在变化着，每天我们一睁眼，国内外新事件、新问题、新矛盾不断涌现。我们也在吸收着包括书籍、报刊、网络、电视、广播等传递来的大量知识和信息，更应该应学会去及时捕捉那些新知识、新信息，应多讲点新话题，多说点新故事，不能开口闭口总是那几句话。只有这样，我们才能把脱稿讲话讲好。

杭州电子科技大学校长薛安克在2013届本科生毕业典礼上的演讲，主题为"破解人生的迷惘，你需要的是思考"，这篇讲话是结合当前的就业形势而发表的一篇讲话，其观点新颖独特，内容有自己的看法和见解，演讲词如下。

"我是77级大学生，当年，一张大学文凭就可以走遍天下。而今，你们却遭遇了史上最难就业年。挤在699万就业大军中，你们为生计、为理想苦苦寻求。此时此刻，我很想像杜甫那样，大声疾呼：安得岗位千万个，大庇你们俱欢颜！这样的现实值得我深深地思考，也值得中国大学深深地思考，更值得中国教育深深地思考。

所以，临别之际，我想和大家谈谈思考。也许同学们一听就笑了：思考谁不会？思考多累啊？思考又有什么用呢？

这个时代，似乎已经无需思考。内事不决百度一下，外事不解谷歌一番，我们已经习惯了寸步不离电脑，习惯了与手机耳鬓厮磨。网络覆盖世界，信息湮灭一切。

这个时代，似乎已经无暇思考。大家忙于玩人人、逛淘宝、织围脖、打网游。为应付各种考试要背的东西太多，南一门报亭边要收的快递太多，32号楼要约会的"甜素纯"太多。

这个时代，似乎已经无心思考。一部《泰囧》，国人盲目追捧；一曲骑马舞，竟然全球狂欢。微信、微博、微电影……微时代的到来，让我们的知识碎片化，需求感官化，审美娱乐化。

这个时代，似乎已经无法思考。现代人就像生活在高压锅里，面对高物价、高房价，直呼：压力山大！难怪近期有个统计，70%的人甘于把自己归为屌丝。屌丝还需要思考吗？！屌丝只需逆袭！

　　有人说：这是一个最好的时代，也是一个最坏的时代。我害怕在这个时代，你们已经习惯了不思考，习惯了只活在当下；为生存而"蜗居"，因沉溺网络而"宅居"，或缺少真爱而"独居"，成为"无梦、无趣、无痛"的"橡皮人"。我更害怕，外在的生活会压倒内心的本性，大学培养的社会精英随波逐流，成为"精致的利己主义者"。灵魂逐渐消磨，思想日益枯竭。思考令人痛苦，甚至让人孤独，这就是所谓的"思考之痛"。但是，30多年的社会阅历带给我的最大启迪是：人生走得越远越需要思考，社会环境越复杂越需要思考，世界变化越大越需要思考。一旦思考明白，你将会无比地轻松与快乐；一旦思考明白，你就有勇气和力量，去改变现状，去改变命运！

　　这篇演讲稿以热门的话题"大学生就业难"开篇，进而层层深入，告诉大学生们面临当下的形势，残酷的现实要学会思考，并且还用三个排比道出了大学生不喜欢思考的现象，如什么事情都询问百度，利用网络做一些娱乐活动，看电影只知道看喜剧，不懂得思考问题，等等。这些话都说到大学生的心坎里了。这都得源于他平时的阅读，把自己所读到了的新信息和脱稿的内容联系起来，自然就会呈现精彩绝伦的演讲。

　　想知道充实自己最有效的方法是什么吗？那就是读书、看报。随着社会的快速发展，节奏越来越快，杂志相应也出版得越来越多，有的一周一出，有的半月一出，有的还是一月一出。杂质上往往会出现最新的动态信息、动态资讯，我们只有及时地阅读，才能掌握和捕捉现实社会的新动向，把这些新动向储备起来，在脱稿讲话的时候，就不会犯愁没话可说了。需要提醒的是，在你读书看报的时候，不妨拿出一支笔，把每天读到的故事、新闻、趣事或者写得非常好的文章画出来，这样也许会更加强化你的记忆。也许你会很不在意，但要知道，一天画一点点，日积月累就是一笔不小的财富。但记住，开始时不要贪多，因为你还不太习惯，不要一开始就使自己过分为难，否则没有几天你就会放弃。

　　每天只要一两句，又省事，又容易记。我们千万不要看不起这一两句，如果每天不停地记下去，两三个月后就发现自己的思想比以前丰富得多了。每当脱稿讲话的时候，很容易就会想起它们，就会不会因为"肚里无货"没话说了，用自己的语言来组织内容，加以发挥，定能让脱稿讲话做得出色精彩。

第五章
感觉不错的四步练习法

学会辨别自已在想什么

　　紧张，是绝大部分讲话者面对听众时首先遇到的最大障碍。20 世纪 80 年代美国的心理学家做过一项调查，调查的题目是"你最害怕的事情是什么？"调查结果让调查人员大吃一惊："死亡"这一让人恐怖的事实竟然被排在了第二位，排在第一位的是公众演讲。有 41% 的人认为公众演讲比其他事情更让人感到害怕，也就是说，这些人认为公众演讲比死亡还可怕。

　　大学里面的调查结果比例更高，有 80%-90% 的大学生觉得当众演讲非常恐怖。的确，很多人以为抛弃了照本宣科的观念，做好充足的准备就能成功。可是世事难料，紧张的问题又出现了。其实，在照本宣科的时候，紧张的情绪就已经存在，只是在脱稿后，由于心里没底，紧张的情绪就显得更加明显。所以，为了克服紧张的情绪，我们要把它看成是正当的情绪，学会克制它。比如一些政治家，在演讲之前也会感到紧张和恐惧。美国密苏里州众议员杜·肖特和缅因州众议员弗兰克·费洛斯都是有名的脱稿演讲高手，他们每次演讲引经据典，妙语连珠，众议院会议厅里总是座无虚席。

但他们两人在上场前总要喝上几口酒，为的是给自己壮胆，以克服上台后紧张的情绪。

虽然讲话者可以找各种各样的方法来克制紧张，但这只是让自己表面看起来很轻松，心里的紧张情绪依然存在。那么，如何根除这种紧张情绪呢？首先，我们需要搞清楚，自己感到紧张的时候到底在想什么，是不是这种"想象"让自己越来越紧张呢？

为了能够弄清这个问题，我们先来回答下面几个问题。

当我为脱稿讲话焦虑时心里最担心的是什么，这种担心是怎样消失的？

当时我心里有没有一闪而过的念头？

脱稿讲话时我为什么紧张？

我想象的结果发生了吗？现实情况又是怎样的？

面对上面的问题，要仔细地回想和研究，然后把这些问题的答案统统记下来。这个事情说起来似乎很简单，可事实上，真正地操作起来却非常困难。因为人在紧张的时候产生的一些想法，往往是瞬间的、自动的，还没等你意识到，它就已经溜走了，你还没有来得及将其演绎成具体的语言，它就已经无影无踪了。可是，如果不记录下来就无法帮助于你下一次避免这种负面情绪。所以，每次紧张时你需要认真审视自己的内心，事后也要仔细回忆当时的情形，并将那时心里闪过的念头都记录下来。

接下来，你需要用笔把想起的事情记录在本上，主要分成两个部分写，最好能形成鲜明的对比。你可以在记事本的左上方写想象的事情，在右上方写真实的情况。这样通过你回忆的情况和现实的情况作对比，你就能发

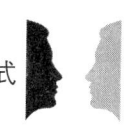

现在紧张时想的事情和实际的情况是不一样的，下次在紧张的时候就要提醒自己，不要那么紧张了，其实不过是自己给自己增加负担而已。

如果每次讲完话，总是能够针对自己当时紧张的心理活动做一次调查研究，比如将心里的想法与当时的真实情况或听众的反馈信息作对比，也许你会发现，那些你担心害怕的结果并没有发生，即使一些失误也远没有你想象的那么严重。坚持这种记录对比，半年以后你就会明显感到你的紧张情绪一直在减少，直到下一次脱稿讲话时，你会发现自己不太在意现场的感受了。这就是先辨别自己在想什么，然后用实际情况帮助自己将担心的事情解决，用对真实结果的认知有针对性地来克服紧张的情绪。

清楚和正视自己的表现

当我们明白了在脱稿讲话时自己心里的想法，就要改变这些想法对我们产生的影响，首先就是动作的改变。在这之前，我们先要知道在紧张时产生的念头会以什么样的动作呈现出来呢？也就是说，在那样的想法和状态下，我们的表现是怎样的？以下这几种表现，是否同样发生在你紧张的时候。

说话时，声音特别小；语速慢而轻，哆哆嗦嗦，没有底气；

时常握拳抵在嘴边或者摸鼻子；

不停地捋头发或扯领带；

低着头，很少和听众有目光交流。

这些行为从心理学上讲，是属于自我保护行为。它们是在脱稿讲话恐惧或者就紧张的时候下意识的自动行为，也许讲话者在当时感受不到。对于一些心理比较脆弱的讲话者来说，如果有人给他们指出来的时候，他们不但不会改进自己的不足，反而会产生抵触心理，再也不会在众人面前讲话了，因为他们害怕再提及这样的事情。要知道，不会正视自己的不足，也不能清楚地看清自己，是永远也不会在讲话中取得进步的。

要想能够更好地完成脱稿讲话，我们就需要谦虚地接受别人的建议，学会正视自己的表现，这样才能清楚地知道自己在那时真正的状态和不足，要抱着乐观的心态去接受，也可以这样告诉自己："幸亏早一天发现，早一天知道，早一天受益。"

对于自己紧张时的表现，我们不但要学会做客观地认识，还要反省自己并且找出其中的原因，这样才能确保在下一次的讲话中避免出现同样的举动，也许清楚和正视了自己的表现，也就不会那么紧张了。你可以针对出现的状态，采取相应的措施。

讲话的声音小，可能原来自己没意识到，下次在开讲的时候，一定要多加注意，尽量地提高声音。

说话慢而轻，可能是由于性格原因决定的。为了能够加快说话的节奏，我们可以在以后的讲话中，尽量提高速度，也要多多提醒自己。

讲话时手上小动作不断，你可以在讲话时手拿个本子或拿支笔，不让手处于空闲状态。

为避免低着头不看听众，你可以在上场前先找个熟人或者友善的目光，盯着他慢慢适应，直到能面对全场。

既然我们清楚了自己在讲话时的紧张表现，就不能逃避，而要有意识地去克服，并且说到做到。这样才能真正解决问题，在下次脱稿讲话时表现得更加自信，时间长了，你也就真的有信心了。

寻找突破口

现在你可以从自己面对紧张时的表现中，找一个有代表性的行为，试验一下有意识地改掉这个行为会产生怎样的变化。比如，你在脱稿讲话的时候不敢面对听众，那就尝试抬起头不再逃避，用眼睛正视全场。用这种方法探究一下，那些令你感到紧张的原因是不是真的无法克服。

虽然听起来很简单，但这也是最艰难的一步，值得你去尝试，而且必须去尝试。这表明你已经开始为自己重建信心。如果第一次这样做会产生焦虑，别灰心，继续尝试，看看你的紧张、焦虑会不会逐步减轻。一般来说，我们会从以下四个方面寻找突破口。

一、忍受视线

脱稿讲话一般不会只面对一个人，所以也就表示，讲话者必须忍受处于众目睽睽之下。当然，并不是每一位听众都会对你报以善意的眼光。即便如此，我们也不可以不顾听众的视线，避开听众的视线来讲话。尤其当我们走到麦克风旁边，站立在大众面前的那一瞬间，来自听众的视线有时甚至会让你觉得刺痛。

克服这股视线压力的秘诀，就是一边进行演讲，一边从听众当中找寻对于自己投以善意而温柔眼光的人，并且要无视那些冷淡的眼光。此外，还需要把自己的视线投向强烈"点头"以示首肯的人，这对于我们巩固自信心有着很好的效果。

这里要提醒的是，不要把视线只放在一个人的身上。要照顾到现场的每一个人，让听众感受到我们在意他们的想法和感受，这样也许观众的视线对于我们来说就是帮助，而不是紧张了。

二、控制脸部表情

脱稿演讲时的脸部表情无论好坏都会留给听众极其深刻的印象。紧张引发的一些情绪无不清楚地表露在脸上，这是很难借由本人的意志来加以控制的。讲话的内容即使再精彩，如果表情总觉得缺乏自信，老是畏畏缩缩，演讲就很容易变得欠缺说服力。

控制脸部的方法，首先"不可垂头"。人一旦"垂头"就会予人"丧气"之感，而且若视线不能与听众接触，就难以吸引听众的注意。另一个方法是"缓慢说话"。说话速度一旦缓慢，情绪即可稳定，脸部表情也得以放松，再者，整个人也开始轻松起来。

三、控制声音和腔调

众所周知，声音和腔调是天生的，需要后天的勤奋努力才能得到改善，但并不是努力立刻就能取得效果。音质与措辞对于整个演说影响颇大，我们可以从这两方面进行尝试。某项研究报告指出声音低沉的男性较声音高亢的男性，其信赖度更高。为了营造沉着的气氛，说话稍微慢点很重要。标准大约为5分钟3张左右的A4原稿，不过，要注意的是，倘若从头至尾一直以相同的速度来进行，听众会睡觉的。

所以，对于声音和腔调，我们要在做好控制，只有合理地控制了说话的声音和速度，我们才能赢得观众的认可。

四、害怕自毁形象

美国演讲学家查尔斯·R.格鲁内则提出了"自我形象受威胁论"。他认为"每个人都具有理性的、社会的、性别的、职业的自我形象，当人们进行演出、演讲时，其自我形象完全暴露在公众的面前，由于害怕自我形象会遭到破坏，因而让人产生了窘迫不安的怯场心理"。

"害怕自我形象会遭到破坏"用简单的话来说，就是"怕出丑""怕

丢脸""怕没面子""怕出洋相"。这些原因都有一种共同的心理就是害怕。不管你害怕的是什么，都是由于出现了害怕的感觉，让你产生了紧张。害怕和紧张是两个不同的概念，不是环境恶劣直接造成紧张，而是环境先让人有了不安全感，产生了害怕心理，才会导致紧张出现。

为了缓解害怕的心理，我们需要看轻结果，放下自我。

有一位音乐家叫陈其钢，他说自己是个内向的人，不太习惯在公众面前讲话。2002 年北京第 5 届国际音乐节上他要展现音乐作品《蝶恋花》，这次展现的方式与以往不同，采用"音乐会现场解说"的特殊表现形式，由他自己亲自登台讲解。演奏是他的长项，但对着观众讲话，陈其钢心里就打鼓了，感觉很紧张。他意外想到了一个方法立刻调整了紧张的心情，是什么方法呢？

他说："有时候我想，音乐会台上有 100 多位音乐家在拉琴，好像是100 多只猴子在那里搞表演；台下有 1 000 多名观众，也就是 1 000 多只猴子在看表演，这些猴子在看的时候还会鼓掌。这次更特别的是，还有两只猴子在说话。猴子们在一起玩，所以没必要那么认真。"咦，你看，大家都不是人了，还有必要那么一本正经吗？

当然，我们普通人谁也不能像陈其钢那样把自己当猴子，但很多时候，我们做人确实太过认真了。只要我们能够在脱稿讲话之前，调整心态，看清结果，放下自我，这就是克服紧张的重大突破。

以上的方法你可以任选一种去尝试，努力去寻找突破。但是并不是说这就是克服紧张的所有方法。要知道，克服脱稿讲话紧张的方法并不是固定、严格地按照一种，有各种各样的方法供你选择。你要做的是，从现在起，每逢脱稿讲话要关注听众，不再关注自己。具体说来就是深呼吸，放松下来，再开口讲话。

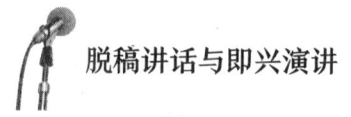
亲力亲为写稿子

任何一篇讲稿都有自己的内在逻辑，是经过深思熟虑，为了使演讲者更容易理解和掌握才写下的。所以，养成自己动手的习惯对于脱稿讲话来说是至关重要的。你可以根据自己的思维组织思路，依据自己的习惯来搭建框架，这样就可以使稿子内容熟记于心，到脱稿的时候，定会展现自己的风采。

俗话说："讲前偷懒，讲后丢脸。"的确，现实中的很多人都不愿意自己写稿子，这样一来势必会造成一系列的问题，这也是照本宣科的人的真实写照。很多人手里的讲稿大都是由秘书或者找其他人来代写的，讲稿上要讲什么，或者做出的标记，这些人都不知情。在发言的时候，他们会一字一句，就连秘书为了提醒做出的标记文字，甚至都一并读了出来，让自己丢了面子不说，这场演讲进行的目的也可能无法实现。

解放初，在欢迎仪式上，某领导神采飞扬，慷慨激昂，照秘书写的稿子念道："感谢上级领导给我们带来一个巨大的鼓！"翻过一页后，他才发现还有一个"舞"字，但是已经无法接着前面读下去了，一紧张，顿时语塞，心跳加快，小腿抽筋，脚发麻，为了不被继续误解下去，只好红着脸补充说："还有一个舞！"台下顿时哄然大笑。事后，这位领导就以"上级送鼓"的讲话成为人们的笑柄。

　　显然，不亲力亲为写稿子，对自己要讲的内容就没有那么熟悉，很可能因此闹出笑话。所以，发言稿要自己写，这不仅是对自己负责，更是对听众负责。他们有权力听到你的真实想法，而不是别人代写的稿件。另外，在公司里的讲话更能体现你对工作的熟悉程度，也是对工作经验和成就的高度浓缩，这些内容对同事以及下属具有指导意义。一定要亲力亲为，才能写出真正有影响力的稿件。

　　其实，写讲稿就跟吃饭一样，重要性不言而喻。吃饭既讲能吃，还讲善吃，这都是吃的过程和结果的表现。但在这之前，必须解决"愿不愿吃"的问题。假如人家没有胃口，或者把吃饭看得无所谓，勉强为之就收不到理想的效果，甚至会令人更加反感。对自己来说，写讲稿的作用无论多么奇妙无比，但假如不愿提笔，不屑动手，不想动脑，写与不写都没有什么实际意义。

　　不管是作为领导干部，还是其他人士，写文章本来就是应有技能。邓小平同志认为，不懂得用笔杆子，这个领导本身就是有缺陷的。文章贵在思想，并不在乎文辞多么华丽。如果找人代笔，或许文字功底不错，但是和自己比起来，阅历、视野、政策水平、思维层次肯定会有一定差距，写出来的东西往往难以表达出自己的真情实感。

　　总之，没有执行就没有发言权，别人没有对你的工作亲力亲为，也没有亲身经历你的事情，很难全面、深刻地阐述问题和想法。一篇好的稿子不是就事论事，更多的是饱含个人在工作或者生活中的感悟、思考、研究，那是局外人所难以想象出来的。当写稿子成为自觉行为与责任时，照本宣科就不会再发生了。

语言的魔力：讲话间掌控人心

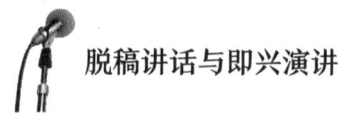

第六章
编排一个动人的故事

这是讲故事的时代

在一对一谈话或大众演说的过程中，说服对方最好的方式，就是讲述直接刺激对方产生好奇心的故事。因为讲故事可以使讲话者和听者之间产生共鸣，并具有"使人沉醉的魔力"。

讲故事具有容易引发听众的共鸣、指明问题、明确给出解决方法的优点。懂得说话之道的人们经常采用讲故事的方法来传达核心信息，改变听者的想法。讲故事并不像想象中的那么难，只要掌握"构成故事"的原理，谁都可以成为一个会讲故事的人。

人们为什么热衷于听故事呢？试想一下，你的朋友在讲述他与爱人相处时，一定有那么一两次边说"我就知道是这样，然后呢？然后他说了什么？"边催促对方讲出下文的经历吧。故事离我们并不遥远，日常生活中所经历的种种小事不正是我们自己生活的故事吗？将这些经历利用技巧重新加工，便可以成为打动人心的精彩故事。

数码革新的标志性人物史蒂夫·乔布斯，以卓越的现场表达能力著名。

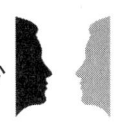

看过他在发布会上演说的人们都有一个共同的感觉——"就像看了一部电影或戏剧一样！"。

这实在是一件伟大的事情。即使是很简单的新品发布会，经过乔布斯宣传便使观众目不转睛，神魂颠倒。乔布斯的表达既有起承转合的间架结构，又有电影中戏剧性的反转。他的秘诀就在于讲故事。

乔布斯的发布会就像戏剧一样有着动摇人心的作用，参加发布会的人们纷纷表示想要亲自拥有苹果公司的各种产品。乔布斯作为一名企业家，却可以向大多数消费者植入购买欲望，不愧为市场营销的模范式人物。

故事是电影和戏剧中最基本的要素。如果故事本身很乏味，那么不论采用多么华丽的场面，多么绚丽的电脑制作画面，多伟大的宣传手法来包装，也不会有什么特别好的反响。沈炯来导演的作品《龙之战》（D-War）就是一个很好的例子。这部标榜着大型科幻电影的作品拥有数百亿韩元的天文制作费，影片中也不乏震撼的电脑特效场面，虽然在其上映初期吸引了许多关注，但最终没有获得好评。其原因就在于缺乏能够使观众沉醉其中的故事情节。

大众演说虽然是日常对话的延伸，但与日常对话有着很明显的差异。大众演说是以"说服"为目的进行的。虽然在日常对话中也需要一定的说服技巧来邀请对方、请求对方，但是一般来说，都是以沟通信息、分享兴趣、交流感情为目的。与之相比，大众演说虽然有多样的种类和方式，但是总体来说都是以说服人心作为最高目标。

乔布斯让听众们把注意力集中在他身上，并把自身的主张移植到听众身上，向我们淋漓尽致地展示了故事的重要性。故事的力量在科学角度上也说得通。认知科学的研究成果表明，在人们做重要决定的瞬间，感性是多于理性的。所以能够引发人们共鸣，刺激感性的故事，左右着人们做决定的瞬间。

世界著名未来学者罗尔夫·詹森曾经预言，人类的发展在历经渔猎文明、农业文明、工业文明和目前以计算机为标志的信息时代之后，即将跨入第五种社会形态：梦想社会。故事就是梦想社会的核心理念之一。

故事表现力就是说服力

乔布斯在发布会上的表达技巧以及选秀节目中的故事战略，可以有效运用在说话的方式与技巧中。不论是两人之间的对话，还是面对数十人、数百人的大众演说，故事都可以打开对方的耳朵而成为心灵的钥匙。

试想你去参加一个两人面试的情景。其中一个应聘者的自我介绍像读履历书一样枯燥乏味，另一个应聘者的自我介绍却像一分钟小说一样富有才华和幽默。在他们两人之间选出优胜者，你会选择哪一个呢？自然是后者。与外貌和学历无关，只要富有趣味和才气地讲出属于自己的故事，便可以获得任何人的好感。

大众演说和发布会也可以看作是对话的延伸。其差别就在于是否以"说服"对方为目的。一般来说，以说服为目的的日常对话所占比重并不大。所以在日常对话中没有必要一定要说服谁，只需要讲出一些引发好感、共通感情、彼此感兴趣的话题即可。

但是大众演说是以说服为根本目的，即使大众演说的内容和方式各不相同，但是没有一个演说者希望听众对自己的话"一只耳朵进一只耳朵出"，所以大众演说可以被称为说服听众的过程。"讲故事"就是在大众演说方

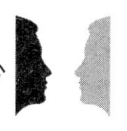

法中最能有效提高说服力的手段之一。如果亚里士多德没有采用经过巧妙设计的故事，就不可能完美阐述对于悲剧的理论。所以，如果能够巧妙地运用故事，不论是在日常对话或大众演说中，还是在发布会中，都可以增强自身的魅力和说服力。

假设你想开展一个以"保护底层人的权利不被上层人士侵犯"的活动，就需要为此募集合作者。

如果在潜在的合作者面前生硬地表达自己的主张，不会获得很多呼应。但是如果一起观看茱莉娅·罗伯茨主演的电影《永不妥协》，情况就可能会发生变化。

《永不妥协》是根据真实素材改编的电影。在看到电影女主人公为了帮助弱者维护权利而进行的不懈斗争，为了保留自己的灵魂和自尊永不妥协的真实剧情后，便能够自然而然地与主人公产生情感上的共鸣。电影结束后还可以与朋友们讨论剧中女主人公所展现出的勇气和行动。这样一来，别人自然会更容易赞同你的想法。

美国北卡罗来纳大学心理学科教授米拉妮·格林在 2004 年发表的论文《谈话过程》中解释了这样的现象。

"出色的、与自身经历相符合的故事可以引发与作品主人公的一体感，并诱发对作品格外的偏爱。这样的现象被称为叙事转移。读者之所以会被故事吸引，是因为故事中包含着对于现实世界的想法和感觉。"

如果听众的"现在"能够与你要讲述的故事的主线相连接，那么你的故事不但会拥有强烈的波及力，也会具有最高的说服力。

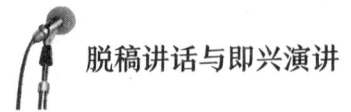

什么样的故事有助于沟通

近期出现了一个新的词汇——"故事讲述者"。这个用语强调了人类从一出生就具有与他人对话并沟通的需求。专家们通过对推特和脸书等社交网站的分析，将不断在社交网络上分享自己的故事或经历的人称为"数码故事讲述者"。

在这样的时代潮流下，"故事能力"是在选拔人才时必须考虑的重要能力之一。未来学者丹尼尔·平克认为未来社会的最高领导者是故事型人才。哈佛大学认知心理学教授霍华德·加德纳以他的多元智能理论而闻名全球教育界，他曾经提出了"领导者讲故事"的核心理论。领导者讲故事是加德纳有关领导力方面的核心理论。

如果掌握了讲故事的几个核心关键点，你也可以成为会讲故事的人。

热情。如果在说服对方的过程中缺乏热情，就不会触动对方。在自己的演说中加入一点热情，也会使对方发生改变。

英雄。故事中必须要有英雄，即解决困难、化解纠纷的人。那个英雄可以是讲故事者本人，也可以是别人。

恶人。故事中必须具有制造障碍的恶人。平淡无奇的故事并没有意思，必须要有恶人才能制造出难以克服的障碍和难以预料的事件。正是由于恶人的存在，才能塑造出克服困难、与恶势力斗争的英雄形象。

感悟。故事必须传达思想和感悟。通过故事的感悟可以改变对方看待人生的视角，给对方留下深刻的印象。

感动和变化。克服恶人制造的种种困难终于获得成功的英雄故事，会激起人产生一定要改变自己的想法。

故事的构成要素

在学习了讲故事的核心关键点后，还要记住故事的几个构成要素。

主题。所有故事的构成都是从主题开始的。主题是什么呢？详细来说就是故事的核心理念，登场人物产生心理变化的原因，故事的最终结尾，通过故事想要传达的信息或疑问，等等。

用音乐来举例，维瓦尔蒂的经典曲目《四季》的主题是季节。用电影来举例，查理·卓别林的《摩登时代》的主题是讽刺机械化起步时代劳苦人民的悲惨生活。用诗歌来举例，金素月的《金达莱花》的主题是对离别的忍耐。

将某个故事用一张 A4 纸概括出来，就是故事梗概。将故事梗概进一步精简，成为几个语句，就是故事主题。将故事主题再次概括为一个词语，就是故事的核心关键字。

背景。在话剧演出中，通常会准备一些道具做背景。因为背景所占的比重并不大，所以只要能够做到让观众看出"这是树，那是花"的程度即可。

人物。所谓人物就是故事中的主人公。讲故事时，需要通过人物的种种行为来引导故事的主线发展。

梗概。故事梗概是故事的大纲，应按照"起承转合"或"开始、展开、危机、高潮、结尾"的形态来进行整理。故事如果只有正面内容并不精彩，那么必须加入纠葛与矛盾才能让故事变得更加生动感人。而"起承转合"正是展开故事最简单的方法。

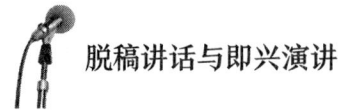

视觉、听觉、内容

从传达者的角度来说，"内容"在演说中所占的比重并没有想象中的那么高。根据一项研究，内容在演说中所占的比重不过7%。换句话来说，不论多么优秀的内容如果没有其他要素的衬托都是不够的。看看那些学生在课堂中进行的演说就会发现，虽然很多人将演说内容设计得十分精彩，但是最终却很难获得优秀的成绩，这是为什么呢？

因为演说是一门综合艺术，在视觉要素（衣着、姿态）、听觉要素（声音、背景音乐、音效等）和内容（核心信息、思想）完美结合时具有最强的感染力。

2011年7月，韩国运动选手金妍儿作为平昌冬季奥运会的申奥大使，在大会中发表了一次视觉、听觉和内容三种要素完美结合的精彩演讲。金妍儿以自信的笑容和动情的演说征服了现场的评委，也征服了全世界的观众，成为申奥成功的一等功臣。下面仔细分析一下金妍儿申奥演说的成功要素。

一、适当的手势

适当的手势可以展现出演讲者的自信心。在进行演说时，经常会发生即兴摆手或动作夸张的情况。但是始终要记住一个成语，过犹不及。

"尊敬的国际奥委会主席罗格，尊敬的国际奥委会成员们，你们好。很难相信今天与上次在瑞士洛桑见面时仅仅相隔了7个星期。从那时开始，我一直都在为今天的演说认真练习。"

在紧张、严肃的现场，金妍儿在演讲开始时通过轻松的谈笑，增加了自身的亲切感。请注意金妍儿在此时所呈现的微笑表情。在演讲中，微笑是十分重要的。大部分人在许多人面前发言时，表情就会变得很僵硬，但微笑才是获得他人好感的最佳武器，所以在演讲时请务必保持良好的表情，做出亲切微笑的表情。

"就像在洛桑时一样，我现在也有一点儿紧张呢。"

金妍儿在说到"有一点儿"这个词语的时候，伸出了左手，并且将大拇指与食指轻轻碰了一下，以突然间的小动作和小技巧增强了听众的好感。金妍儿作为一名花样滑冰选手在演讲中表现出了丰富的表演技巧，通过适当的表情和手势展现出了专业演讲者应有的姿态。

二、适当的节奏

在进行演说时，其中一个难点就是要将准备好的内容在规定的时间内全部传达出去。

要想在有限的时间内传达强烈的信息，就必须摒弃不必要的话语，将核心信息言简意赅地植入听众的心中。这时就需要提前将核心信息总结出来，从一个词语到几句话都可以。如果没有事先进行这个步骤，就很可能会出现要说的话太多，但是时间却不够用的情况。

在进行演说时，首先要根据演讲稿的大体走向说明流程，然后要将核心事项编号，并点出重要的信息。此外，在每一个段落收尾时，都要再一次整理、概括出段落的重点。

金妍儿的申奥演说虽然只持续了短短 3 分钟的时间，但是自始至终保持了适当的语速，给人以十分从容、沉稳的感觉。

三、感人的故事

故事在演说中的重要性，再怎么强调也不过分。故事的脉络结构可以有效地集中听众的注意力。

"我能够参与到申奥的过程中，对于我的同龄人来说是一件非常震撼的事情，因为今天是一个创造历史的时刻，而我有幸成为其中的一员。"

"我在温哥华参加比赛时也是同样的心情。在 10 年前平昌第一次申办冬奥会时，我正在首尔的滑冰场上为自己的梦想而努力。"

金妍儿通过讲述自己的故事展开演说，而她本身具有传奇性的故事是任何人都无法否认的。金妍儿不仅靠着精湛的滑冰技巧，更凭借作为一名获得惊人成就的运动选手，使观众肃然起敬。

在这里还需要注意的一点就是金妍儿的手。金妍儿将一只手放在胸前说话的样子，生动地向听众们传达出"我在讲述自己真实故事"的感觉。

听众都沉浸在金妍儿的故事中，她只凭一句话就使人产生了信任感。

许多人在演说中都疏忽了一点，演说的主人公不是别人，正是自己。因此必须要记住的是，演说发表者本人正是演说中视觉材料的重要组成部分。

像电影一样温馨

史蒂夫·乔布斯的演说十分简洁。在他所展示的幻灯片中，可以看到克制的、简洁的美，同时也传达出他自己的美学。

不论幻灯片中出现的是一个单字还是一幅图画，史蒂夫·乔布斯都能完美地进行说明。他在幻灯片中所展示的单字或图画都包含了想要传达的核心信息，通过这些单纯、简洁的信息，人们能够将注意力更好地集中在乔布斯身上。

通常在第一幅幻灯片中会介绍公司概要或发表内容目录，但是这种公式化的方式很难引起人们的兴趣。在这里再强调一次，演说的开始是非常重要的。如果没能在开始时吸引听众的注意，引发听众的兴趣，那么认真准备的演说很有可能会功亏一篑。

那么史蒂夫·乔布斯的秘诀是什么呢？

一、营造积极的氛围

史蒂夫·乔布斯在介绍新产品"iPhone"的发布会中，伴随着激昂的音乐登上了舞台。谁也想不到乔布斯会在商业发布会中大声播放音乐，观众们都惊呆了，爆发出阵阵欢呼和掌声。这是一个能够营造积极氛围、震撼人心的划时代的创新。

乔布斯所选取的音乐也非常新颖，他在发布会中选用了詹姆斯·布朗的"I Feel Good"，这首歌曲在美国家喻户晓，几乎人人都会哼唱。这首歌的歌词与公司的理念或产品的特性毫无关系，之所以会被选为发布会用曲，是运用了一个心理学原理：听众在听到耳熟能详的音乐时，自然会卸下防备，并且潜意识中认为将会有什么好事发生。

乔布斯登上舞台后，展示了两张幻灯片。第一张幻灯片中出现了一个被咬了一口的苹果图案，第二张幻灯片中仅有两个单词——"Mac World"。乔布斯并没有将发表的主题一一列出，而是通过"今天我们一起创造历史"这样简单明了的语句传达出核心信息。乔布斯此举深深地打动了观众的心，并且引发了更加热烈的掌声。

在小型会议室中进行演说时，尝试在幻灯片的开头与结尾处加入简单的音乐，不失为一个触动听众情感的好主意。

二、具体说明并强调核心内容

史蒂夫·乔布斯总是按照特定的顺序来讲述故事。首先他介绍新概念，然后对其进行详细说明，最后对整体内容进行概括。

在 iPhone 上市的发布会中，乔布斯对 iPod、电话、网络通话这三个功能进行了强调和说明，并要求听众复述，使所有人都自然而然地接受了他所传达的核心要素。

三、练习，练习，再练习

史蒂夫·乔布斯在舞台上泰然自若，因为他很清楚自己在演说中要说什么，什么时候说，用怎样的方式去说。乔布斯成功地吸引了全场观众的注意力，根据事先设计好的走向，将发布会有条理地展开。

也有人认为乔布斯即使不对发表内容做任何准备，也能够很轻易地说出想要说的话，但这并不是正确的。乔布斯生前曾经说过，演说的秘诀在于"练习，练习，再练习"。虽然很多人都认识到了练习在演说中的重要性，但是亲身去实践的人却不多。

请记住，天才源于练习。

第七章
在新意上做文章

老调照样新弹

法国的丹纳曾经说过："一切典型永远可以推陈出新，过去如此，将来也如此。"这句话同样适用于讲稿中，因为"喜新厌旧"是大多数人的通病，当一种形象或模式长期不变时，人们对它的兴趣就会逐渐降低，话语同样如此。一个道理总是被同一种方式讲出来，听众就会厌烦，而老调新弹就是要我们从固定的模式中走出来。只要我们敢于和善于创新，就能使我们的言谈永葆生机和活力。

演讲也讲究"与时俱进"，需要创新，需要新的思维、新的模式，所以追求观点表达的创新是演讲者的重要任务。而创新并不是凭空臆想，需要从"旧"的东西上挖掘出新的内容。旧，是新的基础，新的参考。这就像在市场经济中给商品换包装一样，同一种商品，换一种新的包装，就给人耳目一新的感觉，增加商品的附加值，并激起消费者更强的购买欲望，比如大家最熟悉的近年来月饼包装的更新换代。同样，在脱稿讲话中，把陈旧的观点道理"包装"一下，也可以让听众更容易接受。简单来说，就是老调新弹，在老旧的基础上说出新鲜的话题。

如联想集团创始人之一柳传志曾在演讲中说，联想集团培养人的第一种方法叫做"缝鞋垫"与"做西服"。他的意思是培养一个战略型人才和培养一个优秀的裁缝有相同的道理。培养一个裁缝不能一开始就让他做出一件做工精良的西服，而是需要让他先学会缝鞋垫，鞋垫做熟练了再做短裤，然后学着做长裤、上衣，最后才能做出西服。培养人才也是这个道理，不能拔苗助长，操之过急，要一步一个台阶爬上去，这个并不新鲜的观点人人都懂。演讲者在这里把培养人才和培养裁缝类比，把培养人才的过程描绘为从缝鞋垫到做西服，用一个通俗而新颖的比喻给老观点披上了一件新外衣。内容是旧的，但形式是新的，可谓殊途同归，新意盎然。

除了换包装之外，还可以"破旧立新"，在旧的基础上树立新的内容。演讲中的破旧立新，就是在否定旧的观点之后，提出与旧观点相反或相对的新观点。虽然破旧立新的难度和风险较大，但只要有实事求是的科学态度，有敢于将其说出来的勇气，就能收到震撼人心，甚至是一鸣惊人的效果。

如一位演讲者在"我们不愿做睡狮"的演讲中说，有人曾预言，中国是一头睡狮，就这样我们被人家当了100年睡狮，我们也把自己当睡狮，自我陶醉了100年。狮子是百兽之王，但一头酣睡的狮子能称得上是百兽之王吗？一只睡而不醒的狮子，一个名义上的百兽之王，并不值得我们为之骄傲。如果我们为这样一个预言而陶醉，就好比陶醉于"爷爷说我们祖上曾经是富贵人家"一样，真是脆弱而又可怜。我们不要伟大的预言，我们只要强大的实力。我们不要做睡狮，只要我们觉醒着、前进着，就比做睡着的什么都强。

别人的预言曾是我们骄傲的资本，但仔细分析起来，为一个过去的预言而陶醉或昏睡，于实际又有何益呢？所以演讲者鲜明地提出"我们不愿

做睡狮"的观点，犹如当头棒喝，既促人清醒，又激人奋发。

生活中有许多流传甚广的话，如民谣、俗语、谚语等等，但它们为人们所理解的内涵是相对固定的，如果演讲者能巧妙地借用这些老的形式，并加以"改装"，赋予它新的内涵，就能为我们在演讲中进行观点创新找到取之不尽的宝贵资源。而对于听众来说，其会使他们感到似曾相识但又侧重不同，只要演讲者能自圆其说且言之有理，就能在听众的认识上达成一种新的和谐。

除此之外，还有两种方式也属于老调新弹，用在演讲中同样可以达到让人耳目一新的感觉，那就是旧瓶装新酒和旧词反说。

旧瓶装新酒，是利用旧有的材料引申出新的、富有时代的意义。它是演讲当中非常重要的技巧，表面上看起来是旧瓶，平淡无奇，拾人牙慧——但是结尾往往出其不意，新意不断，令人眼前一亮。

比如，我们以前都听说过乌龟与兔子赛跑的故事，如果你再讲同样的故事，可能一点效果也没有。但是，你可以改编故事，就会讲得与众不同。我们要求同学们要改出新意出来，比如乌龟和兔子在网上进行赛跑，乌龟和兔子在有河拦住的跑道进行赛跑，乌龟和兔子比赛偷菜，乌龟和兔子比赛溜冰，等等。即使你讲100次乌龟和兔子赛跑的故事，你也要讲得不一样，讲得有新意思。这就是旧瓶装新酒，老调弹新意！

旧词反说，就是要学会逆向思维。它需要辩证地去思考。要求讲话者在讲话之前尽量考虑成熟，然后反其道而行之，能起到出其不意的效果。比如，我们有个成语"掩耳盗铃"，是讽刺偷铃人"愚昧自欺"的心态。但是我们可以反过来讲：我们就应该提倡"掩耳盗铃"的精神，当我们做一件事时，必须专注地去做，不要在乎别人的看法和闲言碎语！这里的"铃"就是我们人生的目标，我们在追求目标时就要有"掩耳盗铃"的精神——

只有"掩耳盗铃",才能更加专注!只有"掩耳盗铃",才能全力以赴!只有"掩耳盗铃",才能不在乎别人的看法,不在乎别人的嘲笑,才能坚定我们前进的勇气!

听众"喜新厌旧",但是我们素材有限,无法总是吸收到新的资讯,所以老调新弹就是一种另类创新之举。只有创新之花,才有永开不败的美丽,观点表述的创新是演讲生命力的源泉。掌握创新思维的方法,提出新颖而富有吸引力的观点,是演讲者水平和实力的真正体现。

让听众"身临其境"

细微之处见精神。与主题有关的细节,如果能够描述得具体生动,会给人一种栩栩如生、身临其境的感觉,可以大大增强演讲的感染力。

一位参加过抗美援朝战争的志愿军战士,在某学校作以"教育下一代"为主题的演讲中,这样描述他的战友:

"381号高地关系到整个战局的形势,夺下了就可以占据主动,痛歼敌人;夺不下,则有全军覆没的危险。因此,司令部下令要成立一支突击队进行首攻。

大家都积极报名,最后我们的团长担任这支突击队的队长。在发起攻击之前,团长亲自做了动员:'同志们,你们是中国人民的骄傲。养兵千日,用兵一时,这次战役能不能成功,就看你们这百十号人了,别给咱中国人丢脸,是好汉还是孬种咱们战场上见。现在,我命令你们15分钟内务必夺下381号高地。

战斗打响了，团长端起冲锋枪，喊了声'跟我上'就一跃而起，冲在最前面，战士们也不甘示弱，呐喊着冲了上去。

敌人开始疯狂地扫射，炮弹和手榴弹不时在我们身边爆炸。战场上硝烟滚滚，喊杀声惊天动地，战士们机警地一边向上冲锋，一边寻找一切障碍物做掩护。但是，还是有人不幸中弹倒下了。

他只是简单地包扎了一下，便又继续匍匐前进。可是，又有一颗炮弹在他身边爆炸。他被巨大的爆炸声震得昏了过去。

等他醒过来的时候，他发现自己的小腹已经被炸开。可是，我们英勇的战士，随手在身边抓了一个钢盔，用钢盔卡住伤口，再用子弹袋扎紧，又挣扎着向前爬去。一米，两米，三米……

他实在没有力气了，便努力支撑着自己的身体，用尽最后一点力气端起冲锋枪，向着敌人的阵地扫射过去。在他牺牲前，他打完了枪里的30发子弹……"

这激动人心、细致入微的讲述，让在场的每一个人都情绪激动，有些人已经悄悄啜泣起来，整个会场庄严、肃静，人们都在回味着战场上生与死的考验，回味着我们的志愿军战士视死如归的英雄气概。

这就是恰当的细节描述所带来的震撼性效果。要想打动你的听众，就应该带他们进入你所描述的意境，让他们置身其中，仿佛亲眼目睹、亲耳所闻，这样的演讲才是真正的演讲。

"一天下午，轰隆隆，一发罪恶的炮弹拦腰削断了一棵碗口粗的大树。接着，轰隆隆……一连几发炮弹在战士们的周围爆炸。这时，受伤的战士继续匍匐向前，嗒嗒嗒……敌人的高射炮轰击着，战士们顺着山势往下滚，鲜血浸进了殷红的大地……"

这段演讲词把绘声和描状结合起来，增强了演讲的视觉形象和听觉感受，逼真地烘托出战场的气氛，使听众宛如身临其境。

前苏联著名幼儿教育家波维卡娅也很喜欢在教学中使用摹状手法，充分调动动作、姿态去表演，运用口技去摹声，使课堂充满笑声。

摹状主要运用形容词后附加重叠音节的方法，如"绿油油""红彤彤"，此外还有以下种类。

变迭法："滴滴答答""郁郁葱葱"；

直音法："黑咕隆咚""轰"的一声。

摹状的最大作用是诉诸人的感觉。

描写："哒哒哒地跑过跑道""风嗖嗖地吹着"；

拟态："波涛滚滚地涌来"。

繁琐的话简洁地说

今天，要求演讲者的演说要简短有力，化繁为简，而不是洋洋洒洒没完没了。有些人叙述一件事情，为了卖弄才华，极力地修饰他们的语句，用重复的形容词，或学西方语言独有的倒装句法，或穿插些歇后语、俏皮话，甚至引用经典、名人语录，使别人往往弄不懂他在说些什么。

有些人在说话时，东拉西扯，缺少组织和系统，也使人有不知所云的感觉。如果你要提升自己的影响力，在说话时就要记住说得简洁扼要。在话未说出口时，先打好一个腹稿，然后再按照顺序一一说出来。

人们一般把冗长的演讲称为"马拉松式"的演讲，这种演讲往往空洞无物，占用别人的大量时间，不仅不能使听众受益，还浪费了大量的时间；

即便是言之有物，但冗长的演讲往往会使听众抓不住重点，并且感到烦闷。所以，演讲人要注意演讲的场合，注意时间的掌握，在不宜多说的时候，要长话短说，而三言两语的演讲往往也能够收到很好的效果。

美国著名幽默作家、演讲家马克·吐温生平最头疼冗长的演讲。有一次，他在教堂里听牧师演讲，开始几分钟，他还听得津津有味，感到演讲很有力量。于是准备在募捐时，将口袋里的钱悉数捐出。可是过了十分钟，牧师还没有讲完，他就改变了主意，决定给自己留下整元的钱，而只给牧师一些零钱。又过十分钟，牧师还未讲完，他就决定一分钱也不捐了。待牧师讲完，收款的盘子递到他面前时，马克·吐温非但没给钱，反而从盘子里拿出两元钱。

这篇趣闻对喜好长篇大论"马拉松式"演讲者是绝好的揶揄和讽刺。

因此，演讲不仅要言之有物，还要言简意赅，化繁为简。在一般情况下，没有必要滔滔不绝、长篇大论。不仅演讲如此，说话也是一样，简洁的话语常能让人有意犹未尽、余音绕梁之感。冗长而又索然无味的说话，不但无趣，还会使听者昏昏欲睡。

当演讲观点有高度概括性的时候，听众才容易记得住。在有些会议上经常有人说今天的发言我就讲一个字，一个字讲了半个小时。有的人说我就说一句话，一句话讲了两个小时。事实上，不要指望听众全记住一场会议或演讲的内容，回去后能记住一个字、一句话就很不错了。针对这个概括性，举几个例子来说明。

胡适在一次座谈会上说"男人也要有三从四德"，顿时语惊四座。他进而解释说："三从，就是太太出门要跟从，太太的话要服从，太太说错要盲从。"说罢，人们都笑起来。接着说："四德是太太化装要等得，太太发怒要忍得，太太生日要记得，太太花钱要舍得。"话音刚落，全场又大笑起来。

林肯的葛底斯堡演说只有十来句话。这些都是简洁的典范。我们演说也应如此，冗长的演说是不会受欢迎的。如果结束语是用复杂的长句逐步展开的，那么最重要的结束语应该用短句，甚至可以用句子的一部分。例如下面这段话："你们是否能够认识自己正在进入的这个世界，将取决于你们是否坚定地保持自己正直的人格。如果你们这样做了，其他的一切自然会应运而生。你们的生活将不是人们平常所谓的幸福生活；你们的生活将不得不与逆境抗争。但是这将是有意义的生活，有尊严的生活，有价值的生活。这一点对任何人都足够了。"

丘吉尔是英国历史上最著名的首相之一。他领导英国人民度过了战争的动乱灾难，引导英国走向辉煌。丘吉尔一生最后的一次演讲是在剑桥大学的一次毕业典礼上。在上万名学生的注视下，丘吉尔在随从的陪同下走进了会场，挥挥手走向讲台。他脱下大衣交给随从，然后摘下帽子，默默地注视所有的听众。一分钟后，丘吉尔说了一句话："Never give up!"（永不放弃）。说完后，丘吉尔穿上大衣，戴上帽子离开了会场。这时整个会场鸦雀无声，几秒钟后，掌声雷动。

"永不放弃"，这句话虽短，但道出了丘吉尔成功的根本原因。正是这种"永不放弃"的精神，丘吉尔领导英国在极端艰苦的情况下挺过了伦敦大轰炸，最终战胜德国，赢得了二战的胜利。

总之，语言的高度概括会使你的演讲内容更加容易让人记住。高度概括性的语言不一定是名人才有的，我们也可以，把话说得精练，高度概括，大家自然印象深刻，同时语言层次上升一个新的高度。有一句话是这样说的：能把一句话说成十句话的人是语言的庸才，能把十句话说成一句话的人是语言的天才，我希望大家从此以后都成为语言的天才。最后还要提醒大家，

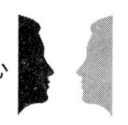

高度概括的语言要让听众明白，而不是自造一些词使听众听不明白。

给演讲加点调料

"料"，即"个性鲜明独特，与众不同"。演讲的"料"，体现在演讲者敢于打破常规，标新立异，独树一帜。演讲有"料"的人，不按常规的思维去思考问题，不按传统的观念去看待事物。他们的演讲立意新颖，角度独特，语言亦庄亦谐，表达灵动、张扬，充满了张力和磁性。显然，加了"料"的演讲，更具震撼力和吸引力，它会激活听众的思维，带给大家更多的回味和思考。那么，如何给你的演讲加点"料"呢？

一、欲抑先扬，"引君入瓮"

欲抑先扬，"引君入瓮"的目的在于让大家产生错觉，"诱导"大家把注意力固定在要表扬的某人或某事上，然后突然向批评的方向转化，"期待"的落空使大家产生巨大的心理落差。这势必会带给大家更多的震撼。请看著名画家韩美林的一段演讲。

谁有权，谁钱多，谁就说了算。这就是没有文化的文化，用"没有文化"来干涉艺术，很可怕。也有的领导不错，很尊重艺术家。一次，有位领导同志带了很多厂家、灯泡厂、钢铁厂的厂长来找我，说要让科学和艺术的两只翅膀结合起来。这位领导同志的想法很好，很正确，可是在审美上就有点问题了。我常说，一个人，他的世界观是正确的，但说不定他的艺术观会是落后的，甚至是反动的。这位领导总结得挺好，可下一句话我就听不下去了，他说，比如你画的猫头鹰，要是把两只眼睛挖了，放两个灯泡，

我们不就结合了？（全场笑声）我当时就不客气了，就说干脆你把我的眼睛给挖了吧。（全场大笑，鼓掌）

这是韩美林在"没有文化的文化是可怕的"演讲中的一段，他运用巧妙的构思，幽默诙谐的语言，欲抑先扬，"引君入瓮"。当讲到"也有的领导不错，很尊重艺术家。"这句话时，听众很自然就产生了思维定式：他要表扬尊重艺术家的领导了。可听到后边，大家发现演讲竟完全背离了大家的心理预期，没想到被演讲者"表扬"为尊重艺术家的领导竟会说出"比如你画的猫头鹰，要是把两只眼睛挖了，放两个灯泡，我们不就结合了"。这里，演讲者带给听众巨大的心理落差，大家在惊叹感慨之后自然发出会意的笑声：原来他是在善意地嘲讽那些"想法很好，很正确"，却没有文化、不懂艺术的领导。先对这样的领导予以表扬，将听众骗到"圈套"中，再揭示真相，这种方法自然加深了听众对他演讲主题的认识：没有文化的文化是可怕的。

如果演讲者不是以这种幽默诙谐的方式，而是一本正经，板着面孔地讲"没有文化的文化是可怕的"这么一个大而严肃的话题，就很难吸引大家的注意力，也很难引发大家对问题的深入思考。

二、暗示策略：寓理于事，不言自明

中国有句老话："只可意会，不可言传。"这句话道破很多无法用语言形容的景象和状况。很多时候就是这样，比如你看到一篇佳作，你被触动了，可是如果有人说，你写篇读后感吧，那你多半要没兴致了，提笔也写不出心中的感受。

不过"只可意会，不可言传"，毕竟只是一个托词，对于朋友家人问的一些问题不好回答，可以用这句话搪塞过去。然而在公众场合，比如领导提问，记者采访或者像外交官一样代表国家形象去接受问答，这句托词

就起不到作用。

如果对方问出一个让你非常棘手，不知如何回答的问题，该怎么办呢？你不回答会显得你无知，若是回答又没有贴切的语言可以描述。这时候你可以针对提问讲一个事例，让对方认同其中包含的道理，然后将此道理应用于对方的提问，使答案不言自明。

如果能反被动为主动，让对方代替自己回答问题，可以说是人际应对中的较高境界了。我们可以针对对方的提问，举出一个类似的事例，反请对方说出其中的道理，然后回到最初的问题上，说明对方的观点正是问题的答案。一个回合下来，对方这个"系铃人"在我方的诱导下不知不觉又成了"解铃人"，使我方得以轻松地摆脱困境。

罗斯福第四次连任美国总统时，许多记者都抢着采访他，请他谈谈连任四次的感想。一位年轻记者破例得到罗斯福总统的接待。罗斯福总统没有正面回答青年记者提出的问题，而是先请他吃一块蛋糕。

记者获此殊荣，十分高兴，他很快便把蛋糕吃下去了。接着，总统又请他吃了一块。当他刚要开口请总统谈谈时，总统又请他吃第三块蛋糕。青年记者受宠若惊，肚子虽饱了，还是盛情难却，勉强吃了下去。

记者正在抹嘴之时，只见罗斯福总统微笑着对他说："请再吃一块吧！"

记者实在吃不下去了，便向总统申明。

罗斯福总统笑着对他说："不需要我再谈第四次连任的感想吧？刚才您已经亲身体验到了。"

罗斯福没有直接告诉记者自己的感受，而是让他通过连吃四块蛋糕的感受，体验自己连任四次总统的感想，可谓高明之极。

有的话不需要说得很明白，对于不好回答或者不方便说的话，不妨就打个比喻，或者推托一下，彼此也就明白，不会无趣地盘问下文了。

三、反弹琵琶，言此意彼

反弹琵琶，言此意彼就是说演讲表面上是在和一些名言或传统的观念唱反调，但实际上却言在此而意在彼，是在借"题"发挥，巧妙地阐述自己的观点。请看下面这段演讲。

世界上很多非常聪明并且受过高等教育的人无法成功，就是因为他们从小就受到了错误的教育，养成了勤劳的"恶习"。很多人都记得爱迪生说的那句"天才就是99％的汗水加上1％的灵感"，并且被这句话误导了一生。勤勤恳恳地奋斗，最终却碌碌无为。其实，爱迪生是因为懒得去想他成功的真正原因，所以就编了这句话来误导我们。

这是阿里巴巴公司首席执行官马云先生精彩演讲"爱迪生欺骗了世界"的开头。这段演讲令人震惊，他简直是在"颠覆"人们心中的成功准则。可以说，很多人不但记得爱迪生说的那句话，而且是将其奉为"真理"的，演讲者如何敢如此"妄言"？于是，大家的注意力一下就集中到马云的演讲上，每个人都想知道他如何能自圆其说。演讲者列举了大量的事实来"支撑"他的观点，最后在结尾处点明：

懒不是傻懒，如果你想少干，就要想出懒的方法。要懒出风格，懒出境界！

这时听众恍然大悟，原来演讲者是对爱迪生的名言"唱反调"，是"醉翁之意不在酒"。他这样做只是想从一个全新的角度来谈论成功：成功需要多用心去思考，而不是一味地傻干、蛮干。这样一来，大家就由开头的好奇、反对，变得心服口服了。应该说，演讲者这样别出心裁，反弹琵琶，言此意彼，要比直接告诫大家"多思考，别傻干"要来得新奇、深刻，带给每个人的震撼自然也很强烈。

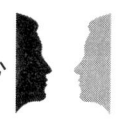

四、大胆"错位"，奇思妙想

大胆"错位"，奇思妙想就是把本来不同类型的事或人联系在一起，因为超出常理，自然让人感到奇异和荒谬，而演讲在这奇异和荒谬中，又闪烁出理性和智慧的光芒。请看这段演讲。

他（阿Q）怎么求爱呢？一天晚上，他突然就给吴妈跪下了，然后他说："吴妈吴妈，我要和你困觉！"哎呀，然后呢，吴妈就哭，要抹脖子上吊，然后大家就都认为阿Q干出了毫无人性、违反道德、不守规矩、伤天害理、不齿于人类的这种事情。阿Q没有写检讨是因为他不识字，但是他表示了检讨之意，而且还赔了钱，把一年的工钱都给了吴妈，而吴妈却一直在那里哭，哭，哭。如果阿Q能够到咱们中文系上两节课，能来这儿听讲座，他就绝对不会说这种话了！如果他读过徐志摩的诗呢？那么他见到吴妈就会说："我是天空里的一片云，偶尔投影在你的波心，你不必讶异，更无须欢喜，在转瞬间消灭了踪影。你我相逢在黑夜的海上，你有你的，我有我的，方向……"嘿，他可能就成功了！

这是著名作家王蒙为各大高校所作的演讲"语言的功能与陷阱"中的一段。演讲题目学术味很浓，但演讲却被他"处理"得很像朋友间的"闲"聊，语言口语化，而且风趣幽默。这种"错位"让大家大吃一惊，而当他提出那近乎"荒谬"的设想：要让目不识丁的阿Q用徐志摩的诗去向吴妈"表白"时，简直让人感觉是"驴唇不对马嘴"，可也就是这故意的再"错位"，却更令听众过"耳"不忘。大家在捧腹大笑中自然接受了演讲者的观点：语言是有功用的。显然，演讲者这段错位的联想，将道理讲得深入浅出，由此增加了演讲的"料"，使演讲更有吸引力，更受师生的欢迎。毕竟，这不是在面对语言专家，也不是在宣读学术论文。

这几位演讲者的演讲的确是各有各的精彩，但都有个共同点，那就是他们在演讲时，根据不同的场合和对象，有选择地加了点"料"。他们的演讲堪称是"加料"演讲的典范之作。

运用该方法的时候还需要注意场合和分寸，否则可能弄巧成拙，贻笑大方。只有在"用法""用量"和"场合"上把握好，"加料"演讲才能取得成功。

第八章
多说大众话

适当引用俗语、歇后语

　　一个成功的演讲者能将艰涩难懂的道理讲得通俗易懂，能把众人熟知的故事讲得别样生动，这就是语言的魅力。要想让自己讲出来的话容易理解，让听众一听就清楚明白，就要求讲话者在语言上做文章。演讲的语言要简洁明了，易于被听众接受。简单来说，就是讲话者要多说大众话，语言不要过于书面化，否则脱稿讲话就变得和念稿子一样，没有生机活力，失去了脱稿的意义。

　　那么，什么才是大众话？怎样说话才算通俗易懂呢？这里有个简单的方法，就是在讲话中适当引用一些俗语、歇后语。将它们放在讲话当中，让听众觉得熟悉亲切，既容易理解，又容易接受。此外，这些语言精练、形象、生动且有美感，平时多积累并将它们运用到说话中，能为我们的语言增添不少色彩。

　　俗语是群众语言，是指有浓郁地方特色，通俗易懂，人民群众熟悉且喜爱的语言。它包括谚语、歇后语等。这些语言大都来自社会实践，是人

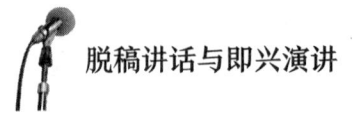

民群众创造发明的，在讲话时巧妙地运用，能够大大增强语言的感染力，容易被群众理解和接受。

谭语之所以可以为语言增色是因为它富有哲理，句式匀称，音调和谐，具体通俗，形象生动，运用得当，能大大增强表达效果。如要表达"思乡"的意思，可以用"在家千日好，出门一时难""树高千丈，落叶归根"之类的谚语。谚语经历了千百年的长期流传，千锤百炼，因此常为演讲者和谈判者使用。

歇后语也是口语的一种，带有隐语的性质。它的前一部分是比喻或说出一个事物，后一部分才是要表达的真意。如你要表达"两面讨好"这个意思，可以说"快刀切豆腐——两面光"；你要表达"假情假意"的意思，可以引用"下雨出太阳——假晴（情）"这样的歇后语。这样会使你的话生动活泼，饶有趣味，给听众留下鲜明深刻的印象。

抗战胜利后的一天，上海一幢公寓里传出阵阵欢笑。原来，画家张大千要返回四川，他的学生们为他送行，梅兰芳等名流也到场作陪。宴会开始，大家请张大千讲几句话，他站起来说了一句："梅先生，你是君子，我是小人！"众宾客都愣住了，梅兰芳也不解其意，随后，张大千笑着朗声说："你是君子——动口；我是小人——动手！"满堂来宾，笑声不止，宴会气氛一下子活跃起来。

张大千简单的几句话取得如此好的效果，原因就在于他灵活运用了"君子动口不动手"这一俗语。可见，如果想要活跃现场气氛，巧妙化用俗语也是一种不错的选择。另外，由于俗语的流传性广，即使文化程度不高的听众大多也都知道。所以，俗语的运用也会拉近讲话人与听众的距离，显得亲切自然，使气氛更融洽。尤其是当听众是一些外国人，或者是一些风俗习惯不同于你的陌生人时，如果在讲话中能用上他们所熟知的俗语，那么一定会赢得听众的好感并受到他们的欢迎。

某国女总统出席在北京钓鱼台国宾馆举行的两国商务合作论坛时，发表了开幕演讲。在演讲接近尾声时，她引用一句俗语称："先做朋友，后做生意。"她随后表示，这句话很好地折射出两国关系的过去和现在。今后，两国将继续一同走过漫长的历史，是命运相系的伙伴。

随后，她在清华大学，仍展现了其"中国通"的汉语实力。演讲期间，她用中文做开场白，演讲中还引用了《管子》中的一句话："一年之计，莫如树谷；十年之计，莫如树木；终身之计，莫如树人。"这也就是现在人们熟知的那句"十年树木，百年树人"。这赞扬了清华大学所取得的成绩，就像它自己的校训"自强不息，厚德载物"描述的那样，是不断进取，涵养品德的结果。

这位女总统不仅在演讲中使用中文，而且加入了一些中国人耳熟能详的俗语，拉近了她与听众之间的距离，让听众们对这位外国领导人的好感大大提升，也许还有一种对本国文化博大精深的自豪感，不得不说她的选择是聪明的。她以"入乡随俗"的姿态来发表演讲，迎合了中国听众的文化要求，受欢迎也就成了理所当然。

由此可见，在讲话中巧妙地运用俗语可以调节气氛，增强语言的感染力，从而达到明确地讲清道理、发表观点的目的。比如，运用俗语，入情入理，很有表现力；运用歇后语，言简意赅，生动形象；运用寓意深刻、韵味隽永的顺口溜，也可产生新鲜、奇特、生动的感觉。此外，也可以适当地引用名人的言论，公认的史料、数据以及广泛流行语等，从而更好地点明主题，佐证观点，使整场讲话富有启发性。所以，我们在日常生活中，应该有意识地多积累一些约定俗成的语句，这是为脱稿讲话积累素材的一条捷径，同时，要注意恰当地使用。

为自己的演讲风格定位

在我们有意培养自己演讲能力的过程中，哪种演讲风格适合自己？如何得到验证？我们首先了解一下演讲风格有哪些类别，体现各种演讲风格的代表人物都是谁，便于我们模仿训练。

第一类，谈话型演讲风格。特点：音色自然朴实，语气亲切委婉，清新自然，不加雕饰；表情轻松随和，语意纯净，真诚厚重，形象亲切，生动感人，动作与平时习惯无异。演讲者与听众拉家常似的漫谈能够把复杂深奥的理论变为通俗易懂的话语。演讲内容举例："大家午饭都吃过了吧？没吃的话我可以考虑请大家吃饭（笑声）。是的，心里可能会疼些，也可能是邀请上千人却找不到吃饭地方着急所致吧（笑声）！不过大家想过吗？有很多人在吃饭的时候会时常感到伤心，你们会问了，吃饭应该开心啊！总不能挨饿时开心吧？这些人就是供给我们三餐粮食的农民朋友们！大家都知道种水稻的辛苦不是一般人能受得了的，太阳暴晒下收割粮食，太阳越毒辣，农民朋友们越高兴。很多对农业耕种知识不太了解的朋友们可能

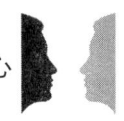

要说农民朋友们心理不健康啦！实际上，这关系到粮食的质量，毛毛细雨下收割粮食挺舒服，但是这些粮食吃起来就会不一样，而且颜色发黑。最终，受了很多苦，收了很多粮食，丰收后农民朋友一算账，他是亏损的，这真是一种说不出来的痛。所以，今天我要与大家谈谈粮食价格过低对经济的影响！"

第二类，激昂型演讲风格。特点：演讲者音域宽广，音色响亮，精神饱满，手势幅度较大，给人以奋发向上，朝气蓬勃的感觉。其体现了演讲者澎湃宏阔，激越高昂，豪壮刚健，英武奔放的语言风格。

第三类，严谨型演讲风格。特点：演讲者语言经过严密而又谨慎的加工，逻辑性强，经常用口头语言进行重音、反复强调重要内容，并加以说明。演讲者无论站立还是端坐，肢体都会相对稳定。这种演讲多在隆重场合进行。

第四类，绚丽型演讲风格。特点：演讲内容讲究浓墨重彩，辞藻华丽，内容厚重，形式多样；采用富有色彩的词语和多变的句式，很注重表情、神态、手势，讲究口语表达的轻重缓急和抑扬顿挫，富有节奏感和音乐美；在演讲中，喜欢旁征博引，纵横古今，引用大量的名言警句、轶闻趣事、典故史实，以及某些新鲜有趣的材料，这样演讲很受年轻人喜欢。在20世纪90年代，大学辩论会火爆时可以经常看到。目前在学校、机关开展的演讲比赛，先进事迹宣讲活动多是采用这种风格的演讲。演讲内容举例："那是一个漆黑的夜晚，一个北风刺骨的夜晚，一个大多数人已经酣然入睡的夜晚。但是他还在忘我地忙碌，身影格外高大。一位名人曾说过'劳动者总是最美的'，他是最好的证明！"

第五类，幽默型演讲风格。特点：音调变化大，带有一定程度的戏剧味，语言生动形象，逗人发笑，手势动作轻捷灵活，面部表情富有戏剧色彩。如央视的百家讲坛中的易中天与纪连海两位老师的演说。

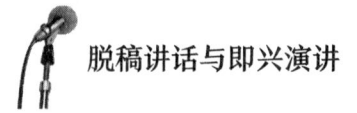

第六类，柔和型演讲风格。特点：嗓音圆润甜美，吐字清晰准确；亲切的微笑，柔和的眼神，具有轻柔委婉，纤秀清丽，曲折生动的语言风格。一些具备天赋的女士在演讲方面采用这种方式，效果是很好的。

以上六类演讲风格不是绝对泾渭分明，我们在演讲练习中，可以借鉴各种类型的风格，对其优势进行整合，最终形成自己的演讲风格。

尽可能多说"我们"

有位心理专家曾经做过一项有趣的实验。他让同一个人分别扮演专制型、放任型与民主型三种不同角色的领导者，而后调查其他人对这三类领导者的观感。

结果发现，采用民主型方式的领导者，他们的团结意识最为强烈。同时，研究结果也指出，这些人当中使用"我们"这个名词的次数也最多。

一家公司招聘员工，最后要从三位应聘人员中选出两位。他们给出的题目是这样的：

假如你们三个人一起去沙漠探险，在返回的途中，车子抛锚了。这时，你们只能选择四样东西随身带着。你会选什么？这些东西分别是：镜子、刀、帐篷、水、火柴、绳子、指南针。其中帐篷只能住两个人，只有一瓶矿泉水。

甲男选的是：刀、帐篷、水、火柴。

面试经理问他，为什么你第一个就要选刀？

甲男说："害人之心不可有，防人之心不可无。这帐篷只够两个人睡，水只有一瓶，万一有人为了争夺生存机会想害我呢？所以，我把刀拿到手，

也就等于把主动权抓到了手中。"

乙女和丙男选的四样物品为：水、帐篷、火柴、绳子。

乙女解释说："水是必需品，虽然只够两个人喝，但可以省着点，相信也能够使三个人一起坚持到最后；帐篷虽然只能容纳两个人睡，但是可以三个人轮换着来休息；火柴也是路上必不可少的；而绳子可以用来把三个人绑在一起，这样在风沙很大，看不见物的时候，队伍就不会散了。"丙男给出的解释与乙女相同。

最后，甲男被淘汰出局。

我们在听演讲时，对方说"我认为……"带给我们的感受，将远不如他采用"我们……"的说法，因为采用"我们"这种说法，可以让人产生团结意识。

小孩在做游戏时，常会说"我的""我要"等语句，这是自我意识强烈的表现，在小孩子的世界里或许无关紧要，但若长大成人后仍然如此，就会给人留下自我意识太强的坏印象，人际关系也会因此受到影响。

人的心理是很奇妙的，同样的事往往会因说话的态度不同，而给人完全不同的感觉。因此，善用"我们"来制造彼此间的共同意识，对促进我们的人际关系将会有很大的帮助。

"我没有做什么，同事们和我一样战斗在工作第一线，尤其领导更是起了带头作用，为我们做出了榜样。所以今天大家给我的荣誉，我觉得功劳不能归于一人，功劳是大家的。"在一些表彰会上，经常可以听到这样的语言。其实这些话多半言不由衷，因为明明工作就是一个人做的。但是把"我"说成"我们"，一来显得自己谦虚，二来让领导和同事们听着都很舒服。

中国是一个传统深厚的国家，中国人有内敛的普遍个性，这种内敛个性成为了我们基本价值判断的一部分。如果一个人过分强调自己，什么事

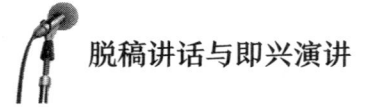

都抢着去干，或者什么功劳都揽到自己头上，什么过错都推给别人，那这个人很可能就要倒霉了，除非你是团队中的头号人物。所谓"枪打出头鸟"就是这个道理，所以即使自己干了很多，苦劳都是自己的，也要把功劳分给大家。

不过，你做了事情但是把功劳和大家分享了，你在别人心中的地位就会逐渐提高。群众的眼睛是雪亮的，什么东西他们看不出来？领导更是眼明心亮，只要你不抢他的风头，时间长了肯定有你的好处。

说"我"跟"我们"的差别，其实就是让听者心里感到高兴与否。说"我们"，听者心里高兴，对自己有好处；说"我"，听者心里不高兴，对自己没什么好处。既然这样，聪明的人就应该多说"我们"，少说"我"。那么是不是不能说"我"呢？当然不是，只是要把握好机会。平时积累了很多人情资本，在关键时刻勇敢地把"我"说出来，等于是量变到质变的飞跃，会取得让人满意的结果。

不只是话术：说什么，如何说

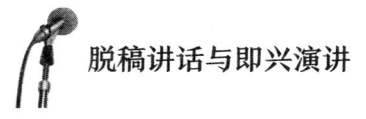

第九章
知己知彼好说话

明白什么场合

脱稿讲话和即兴演讲，首先要弄清讲话场合。因为每个场合的性质不同，其讲话的内容也会不同。我们需要根据场合的性质来准备脱稿讲话思路，这样才能在各种场合说好合适的话。在我们平时的生活中，常见的场合主要分为两种：一个是工作场合，另一个是社交场合。下面我们就来具体看看，在这两种场合中，我们应该怎么说。

在工作场合中，讲话者在脱稿汇报或者讲话的时候，表达上要做到"话语简洁、重点突出、言简意赅"。因为工作的时间是宝贵的，并且任务多，不允许你因为废话连篇浪费太多的时间，况且长篇大论的讲话会让人身心疲惫，产生厌烦的心理。在脱稿讲话的构思上，你可以围绕"是什么、为什么、干什么、怎么干"来思考。比如在项目立项的会议上，你所申请的某个项目要想获得领导的批准，不妨这样说：

首先，要说明这个项目是什么。简要地阐述一下这个项目的内容，对于某些新观点和信息，要着重讲解。如果有些是专用术语，在场人听不懂

的时候，你可以用比较大众化的语言来解释，要确保你所讲的东西能让在场的每一个人都明白。

其次，告诉对方为什么要做这个项目。换句话说，就是做好这个项目有何意义。一般讲话者可以分三个层次来讲解：一是这个项目的宏观意义，即做这个项目的高层次意义；二是这个项目的本身意义，要把这个项目表达的意思实实在在地说出来，不要讲一些空洞的话语；三是反面意义，这个项目可以帮助解决现实中的哪些问题，尤其是当这些问题对社会有不良影响的时候，就能最直观地体现出这个项目的好处。

再次，讲话者要说清楚这个项目具体是做什么的。讲话者要重点讲出其核心内容，需要什么样的业务和配备什么样的技术。一个大项目必然是由几个小项目组成的，小项目分别是做什么的，在脱稿讲话准备思路的时候，要着重讲解。

最后，再具体讲一下怎么做这个项目。虽然讲话者不会具体到某一个细节，但也要把这个项目的工作思路讲出来，因为这是保证项目顺利实施的基础。

此外，在工作场合还要讲重点，不是把你认为重要的事情全部讲出来，而是选择当时现场集体关注的某一方面的事情，只要把这个事情讲透彻，就是真正地讲出了重点。在脱稿讲话的时候，思路要十分清晰，不要颠三倒四，要试着分几个层次去说，这样就知道什么内容应该多说，什么内容应该少说了。

倘若是社交场合，讲话者要意识到出席这类场合的主要目的是为了拉近彼此之间的距离，广交朋友。一般来讲，出席社交场合进行当众讲话，我们要依据场合的主题进行具体地阐述，多说一些增进关系和感情的话语。这样一来，不仅调节了宴会的气氛，同时也彰显了自己出色的口才，可谓是一举两得。

但社交场合的种类比较多，比如说同学聚会，应酬宴会，乔迁之宴，生日寿宴，等等。讲话者需要根据场合来调整自己的讲话内容。具体来说，这样的社交场合我们应该怎么说呢？

同学聚会。在即兴发言之前，我们要了解这样聚会的目的。同学聚会的目的主要是联络和增进同学之间的感情，所以讲话者就要说出增进同学之间感情的话，比如说你在开场的问候之后，就可以举出具体的事例来回忆往昔岁月，使在场的每一个人都能产生情感的共鸣，不仅升华了主题，同时也调节了现场的气氛，增进感情。

应酬宴会。不管是在家里应酬宴会，还是在酒店里举办的宴会，都需要有人致辞。而要想在宴会上营造一种活跃、热烈的气氛，就需要讲话者说出大家感兴趣的话题，使大家在觥筹交错间能够兴致盎然地畅谈起来。

除此之外，还要说好祝酒词。祝酒词一般是在全场第一杯酒的时候说的话。因此，讲话者要注意祝酒词需短小精悍，千万不能太长太绕口，否则就会扰乱别人的兴致，尴尬收场。

乔迁之宴。在生活中，朋友或者是领导乔迁新居举办宴会，需要你前去祝贺，在讲话的时候主要表达祝贺之意，并且要衷心地表示替他们感到高兴。需要注意的是，讲话者在讲话时切记不要和别人形成对比，要是和别人比较，会让讲话者产生不满的心理。最后结束的时候，要对他们表示真诚地祝愿。

生日寿宴。在生日宴会的脱稿发言，主要是表达庆生之意，以美好的祝愿为主。如果是小孩的生日，要对小孩做出希望和祝愿；如果是老人的生日宴会，主要以健康祝福为主。可见，生日宴会也要依据不同的对象进行合适的祝贺，这样才能把话说得恰到好处。

每个场合都有自己的设定，都需要讲话者根据实际情况来准备并组织

思路。上述所说只是一个大致的思路，需要讲话者根据自己面临的场合，再去做具体分析。这样你准备出来的讲话思路，才会更加符合场合要求，也更容易打动当时的听众。

清楚自己是谁

在脱稿讲话时，不但要看清讲话的场合，还需要清楚自己的角色。比如说，工作场合，你是领导、助理，还是客户等其他的角色；在社交场合，你是主人还是嘉宾。角色不一样，自然讲话的内容也不一样。每个角色都有其特定的讲话内容，明确了这一点，脱稿讲话的思路也就有方向可寻了。

中国传记文学优秀作品奖每五年评选一届，是中国传记文学的最高荣誉。2013 年 6 月 15 日，第四届中国传记文学优秀作品奖颁奖典礼在北京举行，中国传记文学学会会长万伯翱先生首先在颁奖典礼上致辞。

尊敬的各位领导、各位获奖作家和各位嘉宾、同志们、朋友们，大家好！

今天我们相聚在著名的北京京西宾馆举办"第四届中国传记文学优秀作品奖颁奖大会"，是为了彰显中国传记文学的精神和艺术价值。我首先代表中国传记文学学会和传记文学的同仁向获得第四届中国优秀传记文学作品奖的作家表示热烈的祝贺！

以习近平同志为总书记的党中央对繁荣发展我国社会主义文学事业高度重视，殷切希望全国广大的作家和文学工作者高举中

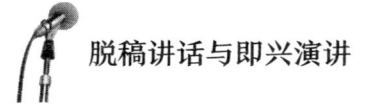

国特色社会主义伟大旗帜，努力创造出无愧于我们时代、无愧于我们人民、无愧于历史的优秀精神文化产品，这代表了时代的召唤，反映了人民的心声，我们一定将其认真努力地体现在传记文学创作实践中来。

中国是具有数千年传记文学悠久历史传统的文明文化古国，新中国建立以来，尤其是改革开放以来，传记文学取得了显著的发展和引人瞩目的成就，在广大人民群众中有着广泛的影响和日益增长的需要。中国传记文学优秀作品奖是为了表彰这些文学优秀作品，推动传记文学事业的繁荣和发展而设立的专项奖项，是由老一辈革命家、文学家刘白羽、林默涵等人首先发起设立的，迄今为止该奖项已于1995年、2001年、2007年先后在人民大会堂举办过三届，一批优秀的长篇和中短篇传记文学优秀作品都获得了奖项。

第四届中国传记文学学会优秀作品在评选过程中，评委会坚持以思想性与艺术性完美统一为评选原则，要求入选作品要有积极的思想意义，在艺术上要有所创新，同时兼顾题材、主题、风格的多样化，具有一定的代表性，力求体现近5年以来全国传记文学创作的新成果。在评选过程中，评委严肃评奖纪律，确保了评选工作的导向性、权威性与公开性、公正性。根据本届参评的传记文学翻译作品数量多的实际情况，本届还第一次特别增设了传记文学翻译作品奖项。经过多轮的无记名投票，最终产生了12部获奖作品，其中长篇作品5部，中篇作品4部，短篇作品2篇，传记文学翻译作品1部，此外还有18部作品得到获奖提名。这些优秀作品基本上可以反映出中国传记文学创作的整体态势，比较

全面地展现了传记文学创作的水平。我们的传记文学作家坚守内心的文学理想，勤奋笔耕，默默地奉献，书写出体现我们民族精神、时代精神，真实感人、质地比较优秀的，大部分是歌颂中华优秀儿女的作品。我们的获奖者赢得了传记文学的荣光和人生的精彩，我们向他们表达由衷的敬意！

今天我们传记文学作家要认真地思考，如何从事文学创作，以回应变化发展的时代，面对人类和人生的诸多问题，这是对作家创作的勇气、智慧和毅力的极大考验，也为我们传记文学展现了广阔的新的创作空间。我们认为获奖与不获奖不是唯一的标准，不是说我们获奖的作品就是完美无缺的极致的作品，而没有入选的就是差的和不好的作品，实际上没入选的仍有大量好的作品。

莫言同志获得诺贝尔文学奖以后，他首先对媒体宣布："我不是中国最优秀的作家。"在他得了奖回来以后有大量的赞美、吹捧，很多人管他叫做"大师"。他就很严肃、很认真地说，你不要这样叫，你叫我大师是讽刺。我觉得莫言的这种态度非常好。现在大师的帽子也是满天飞，各种大师，文学的、散文的、戏剧的、国学的，大师这顶帽子不要轻易随便地乱戴。我们希望下一届将会创作出更多的紧扣时代脉搏，反映人民心声，艺术臻于完美的大量的优秀传记文学作品。

我们特别感谢在百忙之中亲自到会颁奖的中国作家协会、中国文联的领导和获奖作者，对本届评奖工作的指导和支持，感谢诸位评委、作家和出版社的投入与参与，也感谢今天到场的媒体对我们的报道，还要感谢我们的赞助商对此次颁奖大会作出的贡献！

最后，感谢各位热心人士和各界朋友，希望大家身体健康！谢谢大家！

获得第四届中国传记文学优秀作品奖的长篇作品是《从战争中走来——两代军人的对话》，作者张胜。我们来看一下张胜的获奖感言：

我没有做准备。谢谢大家对我作品的认同！其实我是一个很业余的作家，昨天我跟杨正润同志还谈起过这件事，因为我有两次很好的机遇。

第一，从1990年开始，我父亲退休以后，我跟他做了长达将近一年的对话，他把他参加革命以及到了老年的人生经历、他的信仰，包括他的困惑都跟我谈了。我认为这就给了我丰富的创作资源，如果没有一个人跟你倾诉他的内心，你的创作是无源之水，我觉得这是我的一个幸运。

第二，我在总参谋部、作战部、军训部工作过，长达17年。我们这个部门主要是研究战略问题、作战方案、战役行动，包括国防建设的一些规划和建议。这就使我跟我父亲能进行有效沟通，我可以理解他的策划、想法以及困难。因为我们两个人的工作几乎是在同一个层面上，当然他是领导，我只是一个幕僚人员。有了这两点，我觉得可能是给了我一次机遇，所以我写了这部作品，它并不代表我的写作实力。我也通过这次机会谢谢大家对我作品的认同。

我就谈这些。

从上面两篇不同的讲话内容可知，万会长的讲话主要是从中国传记文

学学会会长和颁奖嘉宾的身份来说的，讲话的内容是以感谢、祝贺为主，并且简要总结了此次优秀作品评选中的要求和获奖作品数量等。而张胜的感言是以获奖者的角色表示感谢，以及讲述自己有机会拿到奖的原因。正是由于两个人的角色和身份不同，因而讲话的内容也有很大的不同。因此，两个人的角色定位不同，在组织讲话时候的思路就会大相径庭。只有清楚自己的身份，这样才能有目的地表达，有意义地说话。

每次出席不同场合进行脱稿讲话时，都要清楚自己的身份，扮演好自己的角色。人们常说"见什么人说什么话"，很多人会误认为这样的人太世故，太圆滑，其实不然。见什么人说什么话是告诉我们要摆正自己的身份，比如说在孩子面前要说大人话，在客户面前要说主人话，在领导面前要说职员话。总而言之，要时刻地记住我们所说的话要符合自己的身份，这样讲话就不会凌驾于身份之上，按照自己的身份、角色去讲就不会犯错。

若要脱稿讲话符合自我角色身份，需做到如下三点。

第一，你的称谓、口气要适合。

第二，你要注意你自己的多重身份，针对不同的环境，选择相应的表达方式，使语言表达与自身思想情感的表达相符合。

第三，你要选择与处境、心境相协调的说话方式。

知道听众是谁

脱稿演讲前一定要认真了解你的听众构成，知道听众都是谁。他们来自哪些阶层，文化范围、感知程度如何，等等，特别应分析听众对本次演讲的兴趣是什么，有些场合还要注意禁忌，以便于你找准演讲主题，或为主题提供听众有兴趣的辅助内容。

在脱稿讲话的时候，我们知道了听众是谁，才能够对症下药，正如中医讲究"望闻问切"，根据一个人的病理特征才能药到病除。我们也可以根据听众的情况，进行针对性的演说，这样我们就能充分做好脱稿的组织思路工作，让我们的演讲更加精彩。

演讲者对听众进行调查，了解听众在社会中扮演的角色，他们的工作性质和自身的关联性，就如同把好了听众的脉搏，这样才能进行针对性的演说。通常来说，讲话者对听众理解得越深刻，对听众了解越多，就会越有利于讲话的进行。具体来说，对于听众了解的内容可以包括以下几个方面。

年龄阶段。听众的年龄和他们的阅历、理解程度、词汇量多少是息息相关的。换句话说，各个年龄段的人，通常来讲他们掌握的词汇和知识会有很大的不同。比如说，对于二十多岁的听众来说，你和他们讲以前的生活，怎么艰苦，他们很难有直观的认识，因为他们不曾生活在那段时期，所以也许不会理解你的心情。因此，在讲话时需要根据年龄状况，讲出适合听众的话。

教育程度。一个研究生和一个初中生的理解能力自然是有很大的差别，他们的知识宽度也是截然不同的，因为他们在不同的教育层面上。比如说在你谈到"就业难"这个问题上，对于现实的理解，研究生自然会更胜一筹。他们会非常理解你所讲的内容，并且还会与你进行适当的互动。但是对于初中生来说，这个问题似乎离他们还很遥远，并且他们也体会不了你当时的心情和讲出的内容，因为他们没有经历，更没有触及这方面的事情，只是在校园里好好学习。所以，讲话者在演讲之前一定要事先了解听众的教育程度，以便对自己的演说进行内容深度和知识宽度的丈量。这样一来，

自己演说的内容，包括主题和词汇才能够被台下的听众所接受，同时也有助于双方流畅的交流和互动。

个人信仰。从心理学上来讲，听众的信仰要比他们的年龄和受教育程度重要得多。原因很简单，信仰和一个人内心的世界有着很大的关联。比如说在场的听众有人有宗教信仰，而你在演讲的时候，触及了他们的禁忌，自然他们心里就会很不高兴，甚至还会大声与你对峙；还有一些情况，如果在进行一场关于美食话题的演讲，在场的观众恰好有一些是回民，而在演讲的过程中，如果你不管不顾地提及猪肉是多么得美味，多么得好吃，以及告诉人们怎么做才好吃，这必然会惹怒下面的回民听众。所以，当你带着个人感情色彩讲到吃生肉，吸雪茄烟等内容的时候，最好对台下的观众信仰做好事先的调查，以免出现不必要的尴尬，给脱稿演讲带来麻烦。

性别特征。自古以来都说，男女有别，正因为如此，不同性别听众对于演说者演说内容关注的部分也不尽相同。当你知道听众多是男性的时候，你就要多讲一些军事、政治、房产、汽车等男人们感兴趣的话题；当你知道听众多是女性的时候，就要多谈及时尚、情感、化妆、购物等女性感兴趣的话题。

千万不要交叉着讲，在女人的面前讲男人的话题，在男人的面前讲女人的话题，否则，很可能让听众失去听的兴趣。在演说方式上，对男人要采取刚毅直接的方式，对女人最好采取温婉可亲的演说方式。

正所谓"磨刀不误砍柴工"，对于听众的了解就恰如"砍柴"前的"磨刀"，这是一个必要的铺垫过程，对于听众了解得越详细，越能参透他们内心的需求。反之，一场对于听众一无所知的演讲很容易变成孤军奋战的不堪经历，其结果往往是徒劳无功。

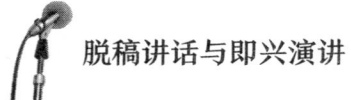

怎样拟定提纲

卡耐基说过："演讲者只有做了充分的准备，才有自信的资格。"的确，对于上台脱稿演讲的人来说，做好充足的准备是缓解紧张情绪的一剂良药。就像士兵上战场一样，如果事先没有仔细检查过装备武器，心里是不会踏实的。其实，方法有很多种，比较稳妥的方法是事先拟定好提纲和讲稿，这样我们才会理出正确的逻辑和思路，也不会在脱稿演讲的时候语无伦次。

制定或者拟定提纲，就是要我们在讲话之前做好充分准备，搭好"架子"。我们可以用提要或图表的方式，列举出一篇讲稿的观点。对材料进行适当地合理地组合，这样也有助于理顺思路。拟定提纲的方法也是多种多样，没有统一固定的格式，我们既可以编写得粗一些，也可以编写得细一些，既可以编写成书面文字，也可以只在脑海里思考。

我们通过编列提纲，可以把"腹稿"的轮廓用文字固定、明确下来，以免写作或演讲时遗忘；同时，还可以对"腹稿"不断加以修改和补充，使整个演讲过程的构思更为周密、完善。倘若我们不列提纲，心中没数，动笔就写或动口就讲，那么，就有可能忘东忘西，层次不清，让脱稿讲话变得一塌糊涂。所以，拟定提纲就显得很重要。

实际上，拟定提纲的过程也就是对演讲内容具体构思的过程。要想把提纲拟定得更为具体，就需要把演讲题目、结构层次、论述要点、典型事例、引文材料以及有关资料都写在里面，这样的提纲才能更加翔实，才能让演讲的思路更加顺畅。

众所周知，老师讲课是要根据提纲来讲的，首先讲什么，其次讲什么，最后讲什么，有条有理，所以学生才能更好地吸收。同样的道理，讲话者

列提纲也是这样，在搜集好资料后，开始列出提纲，那么具体来说，提纲包括哪些内容呢？演讲大师颜永平将其归纳为以下几点。

首先，拟定好演讲的标题。

每一篇演讲稿都是只有一个题目，要想让你的标题脱颖而出，就需要在拟定的时候反复斟酌。如果是一些特殊的情况，需要正标题、副标题，你需要根据具体的情况，一一列出来。

其次，编列演讲的中心论点和分论点。

演讲往往不仅有中心论点，而且还有若干分论点，甚至分论点下面还有更小的论点。在编列提纲时，要把它们放到合适的位置，在什么样的情况要说什么话，逐条进行整理，这样中心论点和分论点都会清楚地呈现在你的眼前。你的演讲思路也会更加清晰。

再次，拟定好材料，把他们收集在一起。

讲话所用的材料包括事实材料和事理材料。事实材料主要包括例证、数据和实物等；事理材料主要包括科学原理、科学定律、法律条文、有关文件规定以及名言、警句、谚语、成语等。这些材料，有的可以简明扼要地摘抄在提纲上；有的可以在提纲上做个标记，然后另外制作卡片；必要时，还可以编排绘制成不同的图表，这样使用起来就可以得心应手，灵活方便。

然后是编列演讲的内在逻辑联系，演讲内容和演讲层次的先后顺序。

有时候，一场演讲需要涉及很多不同方面的内容，这就导致整篇讲稿显得头绪繁多，结构层次复杂。所以在编列提纲的时候，就要注意分清楚主次，以便根据不同内容的轻重缓急来决定它们的排列顺序。先讲哪些内容，后讲哪些内容，这里面有个内在的逻辑联系问题，不能随便颠倒。否则，容易出现轻重倒置、前后脱节等问题。

最后，演讲的开头和结尾。

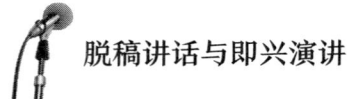

　　演讲的开头和结尾对演讲能否获得成功关系极大。因此，编列演讲提纲时应该考虑清楚：到底采用什么样的方式开头和结尾，才能获得演讲的最佳效果。这两个部分的内容在通篇演讲中占的篇幅虽然不算太大，但其作用却是忽视不得的。所以，在演讲提纲中应该标清如何开头和结尾。

第十章
在思考与写作之间切换

逻辑顺序

在日常脱稿实践中，我们的思绪常常是杂乱无章的，有时会突破各种结构的限制。所以，为了构思更顺畅的脱稿思路，我们不妨先思考再写作，在思考逻辑与写作逻辑之间自由地切换，这样才能构建更加清晰的逻辑架构。正如贝蒂·休·弗劳尔斯在一篇文章中指出写作有四个阶段。

疯子阶段：解放你的思路，天马行空地畅想。

建筑师阶段：把相关概念加工成提纲。

木匠阶段：给提纲加上句子，使其形成结构。

法官阶段：作出有效的裁决，剔除错误的语法或不当的文体。

在这四个阶段中，人们最常忽略的可能是疯子阶段和建筑师阶段之间的区别。我们往往期待自己以合乎逻辑的顺序提出观点。但是，事实证明，这种努力有时候并不能起到好的效果。与其让"疯子"随便游荡，还不如掌控好它，将其运用到写作上，实现思考逻辑与写作逻辑之间的自由转换。

要知道，在思考阶段，就好比你独自一人展开辩论：你随手把自己想到的内容记下来，你想到了很多，它们没有什么顺序，或者说是按照思考的逻辑顺序记下来，这时记下的内容并没有安排要点的结构，甚至句子都不完整，或者有语法错误。但是，切记不要对它们的价值进行判断，尽可能地点燃思想的火花，让充满创意的想法源源不断地冒出来。

当这些想法从脑中流露在笔上的时候，我们需要把这些有着些许逻辑的文字进行加工和整理，在实际构思脱稿思路时，要重新确定逻辑顺序。比如说，某企业召开会议，要求与会人员提出解决问题的措施，某员工在思考时想出如下几条建议。

1. 与主要的管理人员及监管人员谈话；

2. 跟踪并记录交易行为和工作流程；

3. 确定所有关键的环节；

4. 分析组织结构；

5. 理解服务和绩效措施；

6. 评估业务功能的绩效水平；

7. 找出问题和原因；

8. 确定改进生产效率的潜在机会。

但是在写讲稿思路时，就会重新进行加工和处理，落实到写作上，也许就会变成下面的状况。

1. 确定企业的关键业务环节

（1）与重要人员对话；

（2）跟踪并记录交易行为和工作流程。

2. 找出开展业务时存在的劣势

（1）确定组织结构；

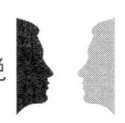

（2）确定服务和绩效措施；

（3）评估绩效水平。

3.提出改革的实际建议

从上述这个例子，我们可以看出，前后形成鲜明的对比。讲话者实现了在思考逻辑与写作逻辑之间的切换，让自己的讲稿越来越清晰，越来越顺畅，从而形成一套成熟的讲话思路，在脱稿讲话中就可以表达得更加清晰有层次，听众也会更加容易理解。

总之，思考出来的逻辑也许还是不成熟的逻辑，这时就需要我们在真正写作的时候进行加工和整理，只有做好了思考逻辑和写作逻辑之间的自由切换，我们才能组织和构建完美的讲话思路和框架。

时间顺序

时间顺序是按照事理发展过程的先后来介绍某一事物的说明顺序，思考的时间顺序与写作的时间顺序是不同的。比如你说出了一个观点，需要讲述一个故事作为支撑。但是在思考故事的时候，你也许会先想故事的结果，再想故事为什么会发生，换句话说，也就是用一种倒叙的方式来想。但是落实到写作上，你会按照故事发生的时间顺序，从头到尾把故事的来龙去脉写出来。这样一来，就实现了思考的时间顺序和写作的时间顺序切换，这种自由的转换有利于构思脱稿讲话的思路。

按时间顺序来构思脱稿讲话的思路是一种不错的选择。比如说，当你需要向领导汇报一项工作方案时，以脱稿的方式给领导汇报，可以展现出你的工作态度和能力。再比如，你在一家软件公司工作，你们计划把公司的品牌推广到附属消费品，如一些会说话的动物等填充玩具。这个推广方案经过了哪些步骤，会取得什么结果，按时间顺序依次澄清这些内容是个不错的选择，可以有效地证明自己方案的可行性。

你要分清思考的时间顺序和写作的时间顺序。在前期构思脱稿汇报的思路时，按照主题，你的脑海中大致要有一个基本的思路和框架，可这个思路不能形成一个清晰的结构，需要用笔进行加工和整理，比如下面这个例子。

在职场上，公司组织脱稿讲话会议，某人在制定战略规划时作了关于了解循环期的讲话。方案分为以下几个步骤：

了解需求；

制定能够提供相应产品或服务的战略；

实施该战略；

市场接收期，快速增长期；

成长放缓期，开始进入成熟期；

高现金增值期；

衰退期。

试想一下，假设你是行动者，并开始采取行动，按照上述的方案"首先，我了解市场需求；然后，我制定战略；再然后，我实施该战略；再然后……"这种叙述方式给听众的感觉像是一张空头支票，只是你个人想象，没有可信的说服力，甚至领导会因此取消你的提案。所以，你需要在构思写作的时候，对其进行改写和整理。上述的案例就可以根据时间顺序改写成如下：

了解需求；

制定能够提供相应产品或服务的战略；

实施该战略；

评估市场反应；

改变战略以适应市场。

综上所述，要灵活地运用思维，不管思考得是否成熟都要落实到写作上，这样才能让我们真正看清脱稿思路是否出现了问题，是否符合王常的逻辑。此外，在脱稿讲话时，我们还可以把思考的思路写出来，然后仔细整理，做到写作和思考之间的自由切换，这样才能在正式讲话时思路清晰，表达更加顺畅。

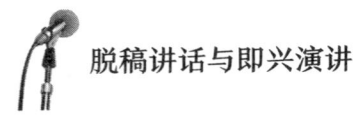

第十一章
做到不读稿也不背稿

通读记忆与讲出来的记忆

在脱稿演讲的时候，我们经常会发现这样的情形：精心准备的演讲要是逐字逐句地背诵，面对听众时很容易遗忘，即使没忘，讲起来也会显得机械生硬。这是因为它不是演讲者发自内心的言辞。要知道，人们的通读记忆和讲出来的记忆是完全不同的，背诵稿子只是在复述讲稿，也是变相读讲稿的一种形式，这样的讲话只能让现场死气沉沉，达不到脱稿讲话真正的效果。

为了能够流利顺畅而又充满激情的脱稿，我们首先要放弃背稿的念头，然后静下心来好好地读已经打好的腹稿，并且不要强制自己去背，只要把主要的意思和框架熟记在心中，凭借当时的思维，用自己的语言把讲稿的内容完整地表现出来，这样不仅能使你的讲话生动而深刻，同时也避免了忘词的困扰。

其实，在准备演讲的过程中，最好将自己的生活和经历融入演讲内容中。在自己的生活中，搜寻有意义、有人生内涵的经验，然后从这些经验中汲

取有益的思想、概念等，并将其汇集在一起，据此深思题目，让演讲的内容更为丰富和生动。因为都是你的生活经验，所以不需要背诵就可以记住。

同样一个人，同样的内容，莫言"讲"的和他准备"读"的稿子，也存在很大差别。在准备的时候，他是这样写的：

尊敬的国王陛下、王后陛下，女士们，先生们：

我，一个来自遥远的中国山东高密东北乡的农民的儿子，站在这个举世瞩目的殿堂上，领取了诺贝尔文学奖，这很像一个童话，但却是不容置疑的现实。

获奖后一个多月的经历，使我认识到了诺贝尔文学奖巨大的影响和不可撼动的尊严。我一直在冷眼旁观着这段时间里发生的一切，这是千载难逢的认识人世的机会，更是一个认清自我的机会。

我深知世界上有许多作家有资格甚至比我更有资格获得这个奖项；我相信，只要他们坚持写下去，只要他们相信文学是人的光荣也是上帝赋予人的权利，那么，"他必将华冠加在你头上，把荣冕交给你"。（《圣经·箴言·第四章》）

我深知，文学对世界上的政治纷争、经济危机影响甚微，但文学对人的影响却是源远流长。有文学时也许我们认识不到它的重要，但如果没有文学，人的生活便会粗鄙野蛮。因此，我为自己的职业感到光荣也感到沉重。

借此机会，我要向坚定地坚持自己信念的瑞典学院院士们表示崇高的敬意，我相信，除了文学，没有任何能够打动你们的理由。

我还要向翻译我作品的各国翻译家表示崇高的敬意，没有你们，世界文学这个概念就不能成立。你们的工作，是人类彼此了解、互相尊重的桥梁。当然，在这样的时刻，我不会忘记我的家人、朋友对我的支持和帮助，他们的智慧和友谊在我的作品里闪耀光芒。

最后，我要特别地感谢我的故乡中国山东高密的父老乡亲，我过去是，现在是，将来也是你们中的一员；我还要特别地感谢那片生我养我的厚重大地，"一方水土养一方人"，我便是这片水土养育出来的一个说书人，我的一切工作，都是为了报答你的恩情。

谢谢大家！

莫言在诺贝尔晚宴实际脱稿讲话内容如下。

尊敬的国王、王后和王室成员，女士们先生们：

我的讲稿忘在旅馆了，但是我记在脑子里了。

我获奖以来发生了很多有趣的事情，由此也可以见证到，诺贝尔奖确实是一个影响巨大的奖项，它在全世界的地位无法动摇。我是一个来自中国山东高密东北乡的一个农民的儿子，能在这样一个殿堂中领取这样一个巨大的奖项，很像一个童话，但它毫无疑问是一个事实。

我想借这个机会，向诺奖基金会，向支持了诺贝尔奖的瑞典人民，表示崇高的敬意；要向瑞典皇家学院坚守自己信念的院士表示崇高的敬意和真挚的感谢。

我还要感谢那些把我的作品翻译成了世界很多语言的翻译家们。没有他们的创造性的劳动，文学只是各种语言的文学。正是

因为有了他们的劳动，文学才可以变为世界的文学。

当然，我还要感谢我的亲人，我的朋友们。他们的友谊，他们的智慧，都在我的作品里闪耀光芒。

文学和科学相比较，的确是没有什么用处。但是文学的最大的用处，也许就是它没有用处。

谢谢大家！

两种致辞结构和内容基本一致，都谈到了获奖的感悟，对文学的认识和对瑞典文学院、翻译者及故土家园的感恩之情。但明显能看出来，脱稿发言简短、朴实，没有任何的繁文缛节，进而给观众留下了深刻的印象。要知道，北欧文化崇尚讲故事，最痛恨念稿子。

脱稿讲话的最大吸引力之一在于，同样的内容讲出来的效果要远远胜于念出来的效果。所以，在脱稿讲话的时候，不读稿也不背稿，试着用自己的话语来表达你所要讲的内容，这样的脱稿讲话才会更加充满生机和活力。

文字实体化，形象记忆法

很多人在脱稿讲话时，犯愁怎样去记稿子，特别是对于那些复杂或者不熟悉的稿子，总是觉得记起来特别费劲，在讲话时很容易出现忘词的现象。所以，我们就需要采取一些技巧和方法来增强记忆。

众所周知，形象的事物只有转化为具体熟知的事物才能被人们记住，所以我们可以用形象记忆法来帮助自己强化记忆。换句话说，我们可以采用具体事物来帮助自己记忆。根据科学家们研究的结果，在人脑的记忆中，形象信息大大多于语言信息，它们的比例是 1000：1，这足以证明形象信息是打开记忆大门的钥匙。因此，我们要学会运用这样的方法来记稿子，这不仅会让我们记起来更加有趣，同时也可以避免忘词现象的发生。

要知道，形象记忆法大都是通过谐音来产生联想或者通过派生形象等增强记忆的方法。因此，首先我们要对"谐音"有个清楚的认识和了解。在我国传统文化中，"鱼"可以象征"余"，"年年有余"。"鸡"变"吉"，"荷"变"和""合"等，这是一种文字谐音方法。还有数字的谐音，比如说一个人的车牌号码是"1818"，大家一定知道这是"要发要发"，这就是谐音更意（谐音所表达的另一种意思）。而数字谐音目的是为了把无意义的数字变成有意义的文字来记，文字谐音是为方便自己记忆另起"更有趣的炉灶"，文字记忆有无必要"再转个弯子"谐音去记忆？我们先举个例子：在美术色彩协调中有一种机械方法，以绿色为主时，可配白、蓝、黑、橙、黄、棕六种颜色。用谐音去记忆则"路白难黑成棕黄"。注意用"路"的形象去想，此一编马上就记住了！以此为参考，我们就可以采用谐音联想法来帮我们快速地熟记稿子，这样我们就能做到不读稿，也不脱稿。

在脱稿讲话中，倘若采用死记硬背机械记忆，效果如何想必大家心里很清楚。我们可以认定一些知识非常适合用谐音去记，而且比较适合记无意义的难记又琐碎的事情。琐碎的事情常常是"散意""无意"的，有了"谐音"帮助，我们就可以利用它给这些难记知识赋予新的意义。

对于同一篇讲稿，因为每个人思维不同，每个人联想到的事物也不同。对于那些难记的地方，只要你觉得哪种方法比较好记，就按照那样的方法记。不然的话，即使你觉得别人说得很对，但是不知道那种方法其实并不适合自己，如果一味地按照别人的方式去实践，只会给自己带来更多的麻烦。总之，

不管你想出多么离谱的形象，只要是适合自己，能够帮助自己快速记下讲稿，这样的办法就是好方法。

熟记提纲

　　提纲是整个脱稿讲话的总体思路和框架。脱稿讲话时，只有按照既定的提纲，围绕设定讲话结构，才能进行充分发挥，讲话思路才不会被打断和阻隔。所以，熟记提纲对于脱稿讲话就显得尤为重要。倘若你不熟悉自己的讲稿提纲，你的紧张感就会逐渐增强，自信心明显不足，很可能会给讲话带来负面效果。

　　美国总统奥巴马在谈到自己讲话时说："最后一个提纲列好之后，把初稿写下来，或者口述下来。在删改讲稿时，不要加工得太纯，因为那样会把口头语言的生动和节奏弄没了。若想脱稿讲话，就要熟记提纲，把提纲念上几遍，把关键的句子记下来。如果没把提纲记得很熟，那就有可能失去思维的连贯性，从而也就会失去听众。"的确，只有熟记提纲，才能确保脱稿讲话时的流畅思维，才能创造精彩绝伦的演讲。

　　那么，我们应该怎样才能熟记演讲提纲呢？一般来说，分为以下几个步骤：

　　第一步是识读，即阅读。讲话者只需要对稿子有个概观和微观，把握题旨，掌握例证阐述的关键，包括引述的事实、名人名言等，其中最有说服力的是准确无误的数字。对于这些要做到阅读，并且要快速地记在脑子里。

　　第二步是响读。朱熹曾说："凡读书……须要读得字字响亮，不可误一字，不可少一字，不可多一字，不可倒一字，不可牵强暗记……"这样才能达到他所说的"逐句玩味""反复精读""诵之宜舒缓不迫，字字分明"。的确，唯有如此，当众讲话才能有理有据、有情有感、有声有色。而响读对于增强记忆十分重要，对于熟记提纲也有着是十分重要的作用。

此外，在大声响读的时候，我们还要联系当时可能发生的情况，或者用哪些表情、动作，争取做到在熟记提纲的同时，也能尽早让自己进入角色。

第三步是情读。情读就是在充分理解演讲稿的基础上，用适度真实的情感来表达自己的观点。在熟记提纲时，要适当地投入感情。因为哪一个部分需要你投入怎样的感情都是设定好的，不要因为自己理解和熟记了提纲就开始胡乱地抒发情感。

综上所述，熟记提纲，一要用眼睛——阅读，二要使口舌——响读，三要动心思——情读。只有整体的综合的全方位的记忆，即"立体记忆"，才能深入人脑，从而取得良好的效果。

这里要提醒大家的是，提纲只是一个大致的思路，至于里面具体需要怎么讲是靠现场即兴发挥的，因为即兴的语言才会有生命力和感染力。所以，在记提纲的时候，只需要把大致要讲的内容、思路和框架记下来就可以了，但这些一定要做到熟记。

反复预讲

如果你已经写好了讲稿，为了让自己不读稿也不背稿，这就需要你在正式讲话之前进行反复预讲。俗话说："台上一分钟，台下十年功。"虽

不需要十年那么夸张，但也需要我们不断地训练自己，以适应不同环境、不同时段的脱稿讲话。比如说，你可以站在镜子前面练习，或者将演讲录下来，或者在几个朋友面前预讲，等等。采取这样反复的预讲可以帮助我们缓解紧张不安的心理，提高讲话的效果。

要知道，反复预讲是做好脱稿讲话的一个重要步骤，也是脱稿讲话准备工作的一个重要环节。古今中外的演说家，他们都很重视在正式讲话之前的预讲。古希腊演说家德摩斯梯尼非常重视演讲之前的预讲演习。他把自己关在地下室书房长达三个月，专门在书房里练习演讲，学习演讲的技巧。为了让自己下定决心，他发誓只要自己达不到目的，就绝不让自己出书房一步，为此他甚至还剃掉自己的头发。等到头发重新长出来，德摩斯梯尼也终于走出书房，成为一个造诣颇深的脱稿演讲家。

不仅德摩斯梯尼如此，曾任微软全球副总裁的李开复先生也是如此。他也非常重视在演讲之前的预讲。每当在演讲之前，他都会事先做好预讲，每次都要请一个朋友去旁听，之后给他提出意见。他曾对自己承诺，不事先排练三次，是决不上台演讲的。在一个月的行程之内，都会安排两场演讲，在每次演讲之前都要排练三遍，专门找一个人听，这也就是所说的"231工程"。所以，为了让脱稿讲话更成功，我们需要进行反复预讲，那么在预讲的时候，需要注意哪些方面呢？

一、排练时要注意时间控制

在预讲的时候，要把握好时间，因为有些脱稿发言是有时间限制的。若是超时会让听众觉得你无礼，只会让听众厌烦；若是太短则会让听众认为你是在敷衍了事，因而也会令听众产生不满。所以，在预讲时，要用手表为自己计算好时间，如果时间太长，就需要缩减讲话内容；如果时间太短，就需要对内容进行扩展。这样，对于自己的讲话时间就能做到心中有数，避免各种情况的发生。

二、给自己录像或录音

你想知道自己在实际演讲时的表现吗？你的表现是否让自己满意呢？有些人在讲话的时候，表情是木讷的，没有任何肢体动作、表情语言、体态语言，就犹如一根木头，这样的脱稿发言是不会打动人心的。为了解决上述问题，改变枯燥呆板的状态，我们可以尝试在预讲时，给自己录像或者录音，因为观看录像或听录音是最直接的反馈，能够使你最直观地看到自己讲话时的表现。这样一来，通过反复观看自己的表现，同时不断地训练和改正，相信到真正演讲的时候，一定会表现得更加出色。

三、预讲时要在宽敞的地方站着

坐在写字台前反反复复地预讲，与站在众人的前面演讲有着千差万别。因为这种活动只是一种准备活动，而实际面对众多的听众是有区别的。试想一下，你站在写在台前讲话，你所想讲出的内容完全是机械式的，没有任何意义。即使你在写字台前能很流利地讲出腹稿，但如果换了一个宽敞的环境，你就会不知所措，讲的时候也会结结巴巴，这就是场合效应。在狭小的空间里知道怎么办，在宽敞的地方，就不知所措了。与其这样，还不如在预讲的时候，就找一个比较宽敞的地方，大声地讲出你所说的话。如此一来，在正式讲话的时候，也能尽快地适应宽敞的新环境。

四、预讲时要使用正式讲话的全部材料

在正式脱稿讲话的时候，要做到"全真模拟"。如果你在预讲的时候，有的材料你讲到了，有的材料你觉得很简单不用讲，那么，在真正脱稿讲话时就容易出现问题。比如说，在预讲的时候，本来为了说明事实要举出一个例子，可是你自认为太简单了没必要，在几次演练的时候都没有讲到这个，在正式脱稿的时候，由于习惯，也不会意识到自己落下了一些内容

没讲。所以，在预讲的时候，要做到全部排练，最好是全真模拟，只有这样，才能在真正脱稿讲话时做到万无一失。

五、做好最后一次排练

即使你以前反复预讲了很多次，但是在正式讲话之前还要再排练一次。如果正式讲话是早上九点开始，那么你需要在早上六点钟起来预讲一下，这样在台上你会对稿子更加熟悉。

也许上述的注意事项，你会觉得很麻烦，很没有必要，但无数事实证明，每个成功的演说家都是这么走过来的。戴尔·卡耐基在总结成功的演讲经验时说过："一切成功的演讲，都是来自于充分的准备。"的确，预讲也是准备工作之一，而且是非常重要的环节。只有把这部分做好，我们才能在正式的脱稿讲话中，自然而流利地展现自己的风采。

图像唤醒记忆

在生活中，很多人之所以不能进行脱稿讲话，是因为他们只会一味地背诵讲稿，他们不知道怎么做才能摆脱照本宣科。其实，这些人没有想过可以借助其他的工具来帮助自己增强记忆。在脱稿讲话的前期，我们就可以通过图像来唤醒记忆，因为图像有更清晰直观的印象，比单纯地看文字要有效得多，我们可以把要讲稿中难记的词语串联成一副或者几幅的画面，也许这样一来，讲稿就显得不那么难记了。

要知道，图像是有非常强的记忆协助功能，而较强的记忆工具就是图像法。大量事实研究表明，很多记忆的存盘，如果没有图像回忆，整个回

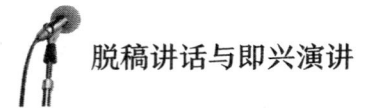

忆过程就会显得很漫长。所以我们要在记讲稿时，试着使用图像记忆法，这样才能牢牢地抓住记忆。比如说，给出一组不相关的难记的词汇，我们就可以利用图像记忆法来帮助自己强化记忆。

路灯、车牌、飞机场、阿司匹林、德鲁克、东非大裂谷、哈萨克斯坦、虚假同感偏差、失落、阿拉巴马。这一组词汇乍看你可能觉得记起来有点困难，但我们可以利用图像记忆法来组织一副画面：路灯按着车牌的标示来到了飞机场，派遣阿司匹林中队来阻止德鲁克掉进东非大裂谷，但是在哈萨克斯坦的上空，受到了虚假同感偏差的袭击，于是中队失落在了阿拉巴马。

显然这比散乱无章要好记得多。当然，你还可以有自己的联想方式，只要是有助于自己的记忆就可以。

在整个大脑中，右脑帮助我们创造图像，我们可以把具体的事情进行联想进而创造图像，从而加强我们的记忆，这就大大方便了我们背稿。研究已经发现并证实，如果在记忆中加入其他联想的元素，更好地记讲稿，我们就可以创造出具体而清晰的图像。比如我们来想象一个少年，"少年"图像是一个模糊的人形，还是有血有肉、呼之欲出的真人呢？如果这个少年图像没有清晰的轮廓，没有足够的细节，那就像将金库密码写在沙滩上，海浪一来就不见踪影了。这样的图像没有任何意义，模糊的图像会让你产生模糊的记忆，这不利于我们记讲稿。所以，我们在利用图像唤醒记忆的时候，必须要采用清晰的图像。

再比如，在你的脱稿讲话中可能会提到一个人，还需要对其进行评价，讲稿上主要对其讲述三点，它们分别是：同情心；生长背景；人生满足感。而这三个词是抽象词语，无法马上产生具体的图像。在这种情形下，就要运用我们的想象力了。同情心，我们可以联想到某一个具有同情心的人，如法师。生长背景，我们可以联想到演戏的布景。人生满足感，我们可以

联想到一个饱腹的人，很满足的样子。

把"法师""布景""饱腹的人"想象成一个电影情节的画面："一名法师在布景上飞来飞去，然后以布景倒下来压在饱腹的人身上。"如果我们把这个电影运镜画面记下了，同时也就把同情心、生长背景、人生满足感这三个词给背下了。

图像唤醒记忆法能够帮我们快速地记住讲稿，能够让我们不读稿，也不背稿。所以，从现在开始赶快行动吧，不要再为记讲稿犯难了。

舌上风暴：即兴发言的秘密

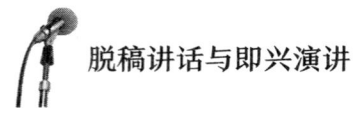

第十二章
即兴发言的原则

可以即兴，不能随性

脱稿讲话有两种：一种是事先写好讲稿的，另一种是即兴讲话。对于后者，很多人在面对突然让自己发言的时候，刚开始还说得挺好，但是越说越跑题，有时都不知道在讲什么，这就是我们通常所说的信口开河。要知道，脱稿讲话可以即兴，但是不能随性乱说。想说什么就说什么，甚至说一些风马牛不相及的话，这就违背了脱稿讲话的原则。因此，在即兴发言的时候，一定要控制好自己所说的话，不能任由自己的思绪乱跑，这样才能有效地避免自己跑题或者是偏题。

在实际的讲话中，我们需要通过注意哪些方面来避免随性乱说呢？以下的几点仅供参考和借鉴。

一、简明扼要，不要废话连篇

即兴发言通常以简明扼要的语言来彰显其力度，以生动活泼的叙述给听众留下深刻的印象。不过简明扼要并不是指话语空洞无物，恰恰相反，即兴发言要求话语信息密度大，要言之有物，而只有做到思想性、知识性

与趣味性三者统一，才能够吸引听众。要知道，言简意赅的讲话，往往能使人受到启发，令人肃然起敬。美国前总统林肯有一次演讲，只讲了 2 分钟，却赢得了长达 10 分钟的热烈掌声。而在现实生活中，一些人的即兴发言，废话太多，这不但浪费了自己的精力，而且也占用了别人的时间。所以，我们在演讲的时候要注意言简意赅、准确传神。

二、用心讲话，不要流于形式

常言道："语为情动，言为心声。"以情感人，更能达到讲话的效果。然而，目前还有不少人在即兴演讲的时候，说一些空话和套话，很少讲出自己的观点，更别说带着情感。这样空洞的讲话必然让听众感到乏味，导致听者出现打瞌睡的现象。

有句谚语说："愚蠢的人用嘴讲话，聪明的人用脑讲话，智慧的人用心讲话。"即兴讲话就是最能体现智慧的表达方式，因为它的原则就是要用心讲话，不能流于形式。马克思曾经说过："语言是思想的直接外衣。"用心讲话，动心思，讲真话，独具匠心，打动人心，这是即兴讲话的最佳境界。

其实，即兴讲话最重要的是中肯实在，能够让听众身临其境，句句说到听众的心里，自然会得到更多听众的赞赏。

三、迅速的奔向主题

很多人在即兴发言的时候，喜欢绕来绕去，旁敲侧击，就是不讲主题或者是说一些和主题无关的话，让听众云里雾里，不知所云。这样的随性一定不能任其发展下去，如此发挥并没有引出主题，反而是得到相反的效果，只会令听众厌烦。要知道，一个成功的即兴讲话者，他能够直接奔向主题，让听众能迅速地了解他的意思，这样就能控制他的随性发挥。

四、端正态度，尊重听众

有些人往往因为自己的身份和地位，在即兴发言的时候很随性，想说什么就说什么，也不考虑听众的感受，即使听众因为他们的讲话而受伤，他们也不在乎。其实，这样的随性是不正确的，你不尊重听众，听众也不会尊重你，这样的信息是相互的，你的即兴发言自然不会得到听众的认可。所以，不管你的身份是什么，处于什么地位，都应该端正自己的态度，尊重在场的每一位听众，只有赢得他们的掌声，才能说明你的演讲是成功的。

五、清晰条理的顺序

有些脱稿讲话者之所以随性地说，是因为在他们的内心没有清晰的条理。思维混乱就不知道自己该讲什么，说着说着就和主题无关了，说出来再也收不回来了。所以，为了控制混乱随性地表达，我们需要在即兴演讲之前理清自己的思路。脑中的思路清晰了，说起来就不会那么随性了。

语言精练，达意为上

在即兴演讲时，由于时间关系要在短短几分钟演讲中给听众留下深刻的印象，这就特别要求语言简洁，不能说废话、空话、套话，不能冗长啰嗦。同时使用的句子不能过长，修饰语不应用得太多。如果在句子中修饰语用得过多，就会使句子变得冗长，给听众造成严重负担。

在现实生活中，往往会存在这样的误解，即说得越多表明自己的口才越好。其实不然，话不是越多越精彩，而是只要把观点说得明确就可以了，一般越长的讲话就越容易把关键点埋没，从而分散了听众的注意力。

要使即兴演讲的语言简洁，不是简单地把长句转换成短的句子，而是要说少而有力的话，锤炼词句。我们要尽量杜绝一切空话和废话，力求达

到简意赅的境地。

1936 年 10 月 19 日，在上海各界公祭鲁迅先生大会上，我国著名新闻记者、政治家、出版家邹韬奋先生发表了这样的演讲，"今天天色不早，我愿用一句话来纪念先生：许多人是不战而屈，鲁迅先生是战而不屈。"仅仅一句话却表达出丰富的含义，既有对当时"不战而屈"的投降派的谴责，又有对鲁迅先生勇敢战斗、绝不屈服的可贵品质的赞颂，还激发了人们奋起抗争的勇气，鼓舞人们要以鲁迅先生为榜样，挺身而出，战斗不止。

显然，言简意赅的言语在关键时刻，往往会给听众爽快的感觉，也会更加具有渲染力，给听众留下深刻的印象。正如莎士比亚所说"简洁是智慧的灵魂，冗长是肤浅的藻饰"。

要知道，脱稿演讲的目的是为了向他人传达一种思想，语言只是思想的一种表现形式，有思想的表达才有意义。在演讲中，我们只有把思想的"碎片"，逐渐地提炼和凝结成一句简洁醒目的话。这样一来，才能让听众容易把握和感知你的思想。

语言贵精不在多，在讲话时要尽量做到一语中的，直击人心。如此一来，自然会得到听众的称赞。所以，为了在脱稿讲话中使我们的语言更加简练，我们就要尽量做到长话短说。

有的人觉得长话短说，是要用简短的话语将内容传达给听众。这些人就忽略了一个问题，如果是采用简短的话语，不能真正地表达自己的意思，这样简洁的语言是否有必要呢？所以，我们要在语义完整的前提下，用精练的语言展示给听众。这样既体现了自己干练的做事风格，同时也展示了自己良好的口才。所以，我们在以后的演讲中，要抛弃那些啰嗦的语言，用简洁有力的话语来打动听众的心。这样的演讲才不会引起听众的反感，才能更容易达到讲话目的。

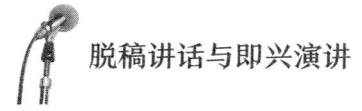

得体表达的方法

演讲是一门语言的艺术，演讲语言运用的过程是一种美的创造过程，成功的演讲语言的必备条件之一便是得体的表达。在即兴发言时，有些人在台上以很高的姿态来对待听众，语气狂妄，目中无人，甚至会出现一些不文明的语言，给听众留下狂妄自大的坏印象，当然对讲话内容也会产生厌烦的情绪。要知道，一个成功的发言人都会善于使用得体的表达，尊重每一位听众，因此他们的演说才会受到热烈欢迎。

说话要得体，可以说是口语交际的一项基本原则。而在即兴发言时面对是往往是一群人，所以这时如果说话不得体，得罪的可不是一个人那么简单。另外，得体的表达方式不仅是对听众的尊重，也是对自己的尊重。所以，要想成功地完成自己的即兴发言，就需要我们在表达上要下工夫。只有得体的表达，我们才能赢得听众的掌声。

一、得体的称呼

即兴发言时，我们在用语上一定要注意礼貌。首先，称呼要全面。我们的称呼要包括在座的每一位听众。如果情况允许，我们的称呼最好细化，适当带上形容词，尤其是对一些重要的人，在提及他们名字的时候要注意使用得体的称呼。

在脱稿讲话中，我们要根据情况与场合，可以称呼对方的行政职务，如校长、局长、经理、董事长等；也可以称呼对方的职称，如工程师、教授等；也可以称呼对方所属的行业，如解放军、警察同志等。比如说，"尊敬的杨校长、李校长，亲爱的老师、同学们，大家好！""连续奋战了三天三夜的李院长、黄医生、邓医生，以及战斗在一线的所有白衣天使们""精

神十足的、与我同为 80 后的彭清一老师、李燕杰老师，你们好 " 等等。当然，有些场合重要人物比较多，时间不允许一一说到，那么我们可以直接说"最热爱学习的伙伴们""大家""各位朋友""各位领导""女士们、先生们！"等等。

其次，称呼要有顺序。依据通常习惯，应该按先长后幼、先上后下、先重后轻、先女后男、先疏后亲、先宾后主的次序来称呼。

此外，在称呼的时候一定要注意以下问题。

第一，不可随意用替代性称呼。比如在演讲的过程中有听众提问，我们请他回答时就不可以说"后排的""穿蓝衣服的"，我们应该说"后排的那位先生，请您发言""穿蓝衣服的那位女士，请您发言"。

第二，不要使用容易引起误会的称呼。比如在港台地区，"同志"这个词语比较敏感，我们要慎用。再如"小"这个词语有时候有可爱之意，但有时候带有轻蔑、取笑的意味。

第三，大家彼此不熟悉的场合，简称不可以出现。比如，"各位来宾，以及今天的特别嘉宾——人大的李美凤同志、海淀区委的黄和敏同志，你们好！"这个开场简要称呼是不符合规范的。

二、使用文明语言

很多人在发言的时候，因为某些原因，情绪非常激动，所以不分场合地破口大骂，试图发泄自己的情绪。他们认为，听众也会和他们一样，一定会理解自己的行为。殊不知，听众最讨厌和反感这样的行为。因为脏话会使听众的心情很糟。要知道每个人都喜欢听好听的话，素质高的人是不会在大庭广众之下说脏话的。所以，我们在即兴发言的时候，一定要使用文明语言，即使你情绪再激动也要注意场合。

总而言之，得体的表达方式是讲话成功的保障，也能体现讲话者的修养和素质，是赢得听众好感的一个重要因素。它无关身份地位，只要是站在人们面前发言，就必须注意表达是否得体，否则只会让讲话以失败收场。

三、声音要洪亮，举止要适当

讲话者洪亮的声音会立即反映出其充满朝气和信心，有一种无形的感染力。讲话者还应当注意举止要适当，比如，不必过分地指手画脚，不应咬着烟斗讲话；动作也要注意，如不可以不时地推推眼镜，把眼镜拿下来擦一擦，搔搔头，抖抖腿，等等。这些事情虽然很小，但却会分散听众的注意力，影响讲话者的形象，都不属于得体的表达。

条理清晰的思路

在即兴发言的时候由于没有准备，最容易出现这样的毛病：讲话言之无序，颠三倒四，没有重点。有时候甚至说了半天也没有表达出想要说的重点，别人也没有听明白你的意思，因为实在是太乱了，让人听不出主次。简单来说就是没有条理，而这样的即兴发言必定是失败的，是不会得到听众认可的。所以，无论是在生活中，还是在社交场合中，即兴发言都要有一定的逻辑性和条理性，主次分明，重点突出。只有这样，即兴发言才能讲得精彩，讲得精炼。

相对于日常生活中的讲话，或者是一般的工作类讲话，即兴发言不需要在意讲话结构，也不需要有很强的艺术性，只要做到最基本的一条——条理清晰就可以了。尤其是向大家说明某件事的讲话，就更加需要语言的条理性。如何才能让我们的讲话做到条理清晰呢？可以采用"三点论"方法，

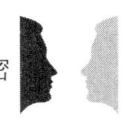

它可以帮助我们迅速地组织讲话语言。

首先，总体概括。在即兴发言时把自己所讲的内容进行简单概括和论述，告诉听众你想要表达什么主题。这样的简单介绍之后，听众就会对主题有一个清楚的认识，不至于等你讲完，他们还不知道你要表达什么。

因此，讲话者要在说话之前先做一个总体的概述，说明自己所讲内容的主题以及分为几个部分，给听众一个整体的认知。这时候你再开始讲话，听众就能很快地捕捉到你讲话的重点，这样才能使你的讲话获得良好的效果。比如说在销售现场，你需要为大家介绍一款电视机，首先在开头可以这样说："女士们，先生们！大家好！今天我向大家推荐一款高清电视，这款电视一经推出，便成为销售冠军，可见它的性价比高，颇受大家的青睐。这款电视机的优良性能、高超技术和物美价廉的特点是其成为销售冠军的法宝。今天我就给大家介绍这款高清电视的五个优势。"

显然，讲话者在开头这么一说，开头点题，听众就清楚地知道你接下来要讲什么，重点是什么。

其次，梳理框架结构。在即兴发言的时候，把你想说的内容逐条说明，或者采用排列顺序的方式进行说明。这样听众就能清楚地知道你所表达的内容，并且这样的方式也便于听众接收记忆，不会给听众造成听力负担。

这里需要注意的是，在对讲话内容进行分条说明时，只要划分出一个层次就可以了。比如一篇讲话分为第一、第二、第三、第四等，这样分出的一个层次就足够了，不要再插入小层次了，如果你在"第一"里面又分出几个小点。这样多层次的表述一般使用于书面表达，在口语表达中如果出现这种多层次的表述，就会很容易使听众分不清主次，扰乱听众的思维。所以说在这部分，我们要注意结构需简单清晰，让听众一听就明白。

最后，做好结尾。在即兴发言快要结束时，就需要做好结尾。结尾要

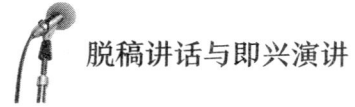

重复标题，总结一下先前所说的内容，最好形成前后呼应的形式。在收尾的时候，我们最后还是要点题，简要总结你所要表达的想法，这样才能让听众清楚讲解的事情。

其实，要使即兴发言的思路清晰并不难，我们可以根据具体的情况进行适当的安排。千万不要让自己的思维混乱，因为语言是思维的载体，只有清晰的思维，说出来的话才会有条理，才能把即兴发言讲得更精彩。

逻辑严密，环环相扣

逻辑方法要求我们在讲话时要具有缜密的逻辑思维能力，能根据一切有关的参考材料，使所有正面的、反面的论证形成一个整体，尤其不要忽略一些重要但又微小的细节，并力求在谈话过程中没有漏洞，这样就能使自己立于不败之地。反之，若被听众找出讲话的漏洞，那么，讲话只能以失败告终。所以，要想完成一次精彩成功的讲话，就必须层次鲜明、条理清楚、思维严密、逻辑严谨。

例如，梁启超曾对人生与事业的关系做过一次名为"敬业与乐业"的宣讲。部分内容如下：

> 我这题目，是把《礼记》里头"敬业乐群"和《老子》里头"安其居，乐其业"那两句话，结合后造出来的。我所说的是否与《礼记》《老子》原意相合，不必深求；但我确信"敬业乐业"四个字，是人类生活的不二法门。

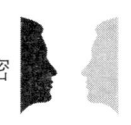

本题主眼，自然是在"敬""乐"两字。但必先有业，才有可敬、可乐的主体，理至易明。所以在进入主题之前，先要说有业的必要性。

孔子说："饱食终日，无所用心，难矣哉！"又说："群居终日，言不及义，好行小慧，难矣哉！"孔子是一位教育家，他心目中没有什么人不可教诲，独独对于这两种人便摇头叹气说道："难！难！"可见人生一切毛病都有药可医，惟有无业游民，虽大圣人碰见他，也没有办法。

唐朝有一位名僧百丈禅师，他常常用两句格言教训弟子，"一日不做事，一日不吃饭"。他每日除上堂说法之外，还要自己扫地、擦桌子、洗衣服，直到八十岁，日日如此。有一回，他的门生把他当日应做的工悄悄地都做了，这位言行相顾的老禅师，那一天便绝不肯吃饭。

……

第一要敬业。敬字为古圣贤教人做人最简易、直捷的法门，可惜后来被有些人说得太精微，倒不实用了。唯有朱子解得最好，他说："主一无适便是敬。"用现在的话讲，凡做一件事，便忠于一件事，将全部精力集中到这事上，心无旁骛，便是敬。

……

第二要乐业。"做工好苦呀！"这种叹气的声音，很多人都会流露出来，但我要问他，"做工苦，难道不做工就不苦吗？"今日是大热天，我在这里喊破喉咙讲，诸君扯直耳朵听，有些人看着我们好苦；反过来，倘若我们去赌钱吃酒，还不是一样在劳神费力？难道又不苦？须知苦乐全在主观的心，不在客观的事。

......

　　我生平最受用的有两个词：一是"责任心"，二是"趣味"。我常常力求这两者的实现与调和，又常常把它说给我的朋友听。今天所讲，敬业即是责任心，乐业即是趣味。我深信人类合理的生活应该如此，我望诸君和我一同受用！

　　这次讲话内容可谓是逻辑严密，条理清晰，论证说理，环环相扣。开头提出论题，中间内容分成两部分，分别论述敬业和乐业的重要性，结尾总结全篇。主体部分论述时，用次序语"第一""第二"，更加清楚地显示出演讲的层次。同时他列举了多重论据证明自己的观点，其中梁先生根据自己的亲身经验，指出"责任心""趣味"跟"敬业""乐业"的关系最为密切："责任心"就是"敬业"，"趣味"就是"乐业"。他认为做事必须具备责任心和善于"从职业中领略出趣味"。另外还有多个生活事例，还有名言警句，如儒家的《礼记》《论语》，道家的《老子》《庄子》，佛家的百大禅师，等等。

　　所以说，讲话的逻辑严密能增强语言的表现力。此外，严密的逻辑不仅有助于讲话者表达思想，论证观点，还可以提高讲话者识别和反驳谬论的能力，诡辩者总是故意违反逻辑规则，用貌似正确实则存在逻辑漏洞的推论进行辩护。如果缺乏逻辑能力，你就很容易上当；如果懂得逻辑规律，你就能迅速发现诡辩者的花招，从而在讲话中有力地进行揭露和反驳。

　　语言是思维的产物，是思维成果的体现形式，语言能将抽象的思维灵活地表达出来，使用语言的过程实际上就是变信息为思想、变思想为语言的转换过程。可以说，掌握语言，实际上就是最早的思维和思维方式的训练。而使用语言表达思维也总离不开运用概念、判断、推理，这几个环节

也就是形成逻辑的过程。概念、判断、推理要靠词、句、句群和简章来表达，所谓语言准确，实际上就是做到概念明确，判断恰当，推理合乎逻辑。优美的讲话语言总是包含着无懈可击的逻辑性。所以，讲话者要掌握逻辑知识，做到逻辑严密，环环相扣，这样有助于准确地表达思想，增强语言的表现力。

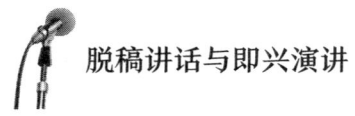

第十三章
即兴讲话要结合实际

提高口语能力

即兴讲话最能体现一个人的口语表达水平。众所周知，较强的表达能力都会运用口语，因为它是使用最多、最便捷、最重要的一种表达方式，若没有这样的口语能力，即兴讲话会变得不切实际。因此，即兴讲话与口语表达能力是密不可分的，要想成为即兴讲话的高手，就必须提高自己的口语能力。

一、多听

我们要把话讲给别人听，并且要让对方觉得动听。其前提之一，就是自己首先要多听。我们可以从几个方面去听：

一是多听别人演讲，多听别人说话，以提高有声语言的表达能力。

二是多听自己的讲话或练习时的录音。罗马哲人塞涅卡曾说："在向别人说些什么之前，首先要把它说给自己听听。"的确，要想提高自己的口语表达能力，出色地进行演讲，就需要讲话者在正式上台讲话之前反复练习。我们可以对亲朋好友讲，还可以找个偏僻无人的地方讲，也可以对

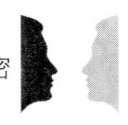

着镜子或录音机讲。

每讲一遍，在没有人倾听的时候，自己都要录下来，仔细地找出存在的问题以便及时纠正。如果没发现其中的问题，就需要请内行人指出弱点和不足，并认真加以改正。如果每次演讲、发言之前都能坚持试讲、试听几遍，长此以往，其口语表达能力定会不断提高。

三是多听播音员、节日主持人的播音和讲话。听这些比较标准语言和腔调会为我们树立一些标准，让我们在音质、音量、语调上进行改变，以此来使演讲语言流畅悦耳、优美动听。

二、多问

即兴讲话是一门学问，也是一门艺术。但是生活中很多人都会存在这样的误解，觉得说话是天生的，就不在意，也不上心，更谈不上用心去求教，去学习，去研究了。有的人虽然觉得说话、演讲有东西可学，但又只限于看看书或听听录音，而不好意思开口向别人请教，结果只是事倍功半。

柏拉图说过："不知道自己的无知，乃是双倍的无知。"我国古代教育家孔子也说过："知之为知之，不知为不知，是知也。"一个人要想提高自己的口语能力，就必须放下架子，向有经验的演讲者和对口才有研究的专家虚心求教，不懂就问，经过长期积累和反复琢磨，不断地总结经验和教训。这样逐渐提高自己的口语能力，让脱稿演讲做得越来越好。

三、多学知识

英国哲学家、政治家培根说："知识就是力量。"前苏联的伟大作家高尔基曾说过："用知识武装起来的人是不可战胜的。一个人知道得越多，他就越有力量。"的确，多学知识，是提高口才和演讲水平的前提。因为知识是口才的基础，没有知识就肯定没有口才。

"不积跬步，无以至千里；不积小流，无以成江海。"要想给别人一杯水，

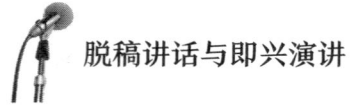

自己就应有一桶水，半桶水都不行。那些学识浅薄，胸无点墨，不学无术的人，是根本说不上有口才的。他们说起话来，不是信口雌黄，就是洋相百出，错误连篇。

四、多学演讲技巧

一个人敢说话、会说话，还不等于有口才，正如一个人会骑自行车还不是艺术一样，只有杂技演员娴熟的骑车表演才称得上是艺术。演讲是一种综合艺术，要真正掌握这种艺术并非易事，它包括很多方面的技巧，如声音的字正腔圆，动作、表情和仪表礼节，控场、应变的方法，即兴说话的诀窍，论辩的艺术，对话的妙法，等等。这些都需要我们从理论到实践，对演讲的技巧进行系统的学习和运用。

演讲与口才的技能不是天生的。同其他任何才能一样，口才的获得来自勤奋的学习、刻苦的练习。"宝剑锋从磨砺出，梅花香自苦寒来。"古今中外的演讲家、雄辩家都不是天生的，而是在后天的努力和苦练的基础上，靠自信、勇气、拼搏、锻炼造就而成的。

提升说服力的方法

为什么有些演讲者所讲的观点很容易就被听众接受，而有些演讲者所说的话让听众觉得没有可信度呢？一个演讲人如何才能说服听众来支持一项事业、一项运动或一个候选人？这就需要讲话者提升自己的说服力，只有这样才能更容易地让听众听懂我们的话，并接受我们的观点。那么，如何提升说服力呢？以下提供几种方法供大家参考。

一、提出统计数字

说服别人，就需要证据，而证据有好多种，其中一种有力的证据，就是统计数字。一个统计数字有时胜过千言万语。举个最简单的列子，当我们要强调节约用水，如果只是一直强调"要节约用水，珍惜水资源"，这种说法就很难说服别人。别人也不会轻易相信，更不会加以重视。但是如果我们换一种说法，提出一些具体的数字，比如这样说，"地球地面虽然2/3 为水覆盖，但是 97% 为无法饮用的海水，只有不到 3% 为淡水，但其中2% 封存于极地冰川之中。在仅有的 1% 淡水中，25% 为工业用水，70% 为农业用水，只有 5% 可供饮用和其他生活用途。"

"目前世界上 100 多个国家和地区缺水，其中 28 个国家被列为严重缺水的国家和地区。据统计，我国北方缺水区总面积达 58 万平方千米，我国500 多个城市中有 300 多个城市缺水，每年缺水量达 58 亿立方米。由于人类的破坏使得地球水资源减少，不少大河如美国的科罗拉多河，中国的黄河都已雄风不再，昔日'奔流到海不复回'的壮丽景象已成为历史的记忆了。"显然，直观的数字更能让听众重视自己的观点，以此来吸引他们的注意力。

但是在说具体数字的时候，也要适当地运用生动的语言。统计数字的时候也不要那么枯燥，应该要用生动、鲜明的语言来说明这些数字。卡耐基先生曾说："在每 100 个接通的电话当中，有 7 个是超过了 1 分钟才来应话。这表示，每天约有 28 万分钟就这么浪费了，这样过了 6 个月，纽约因为迟接电话所浪费的时间，几乎是自哥伦布发现新大陆以来的所有工作日。"通过生动的语言来说明消耗和浪费时间，让人们更愿意接受，自然也会被人们信服。

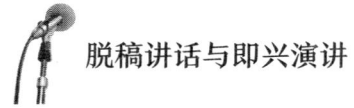

二、流畅、痛快和坚定地表达自己

经过大量事实证明，演讲者说话的表达方式对是否被信赖产生重大的影响。比如说当一个人的讲话略快，声音抑扬顿挫，语言坚定有力，他通常很容易被人们信服，因为他给人们展现的是充满自信的，是有活力激情、有底气的。而那些在讲话中总是犹豫不决，时断时续，还经常出现"啊，哦，嗯"之类的词填在句里行间，会让听众感觉是一种不自信的表现。听众自然会认为"既然你对自己说出的话都感到质疑，为什么我要相信你说的话呢？"所以，在脱稿演讲中，我们要尽量让自己表现得泰然自若，胸有成竹，并且要用流畅的语言，坚定的语气来表达自己。这样一来，自然就能提升自己的说服力，获得听众的信赖。

三、利用证据

在演讲中，如果空谈一些道理，说一些理论和观点是不足以让人们对你产生信服的，反而给听众一种云里雾里的感觉。所以，这就需要讲话者提升自己的说服力。有人会疑惑，证据包括什么呢？从大量成功的演讲中，我们可知证据由论证材料构成，有例子、统计数据、证明材料，这些都是用来证明、支持主题论点的。不管使用哪一种证据，统计数字也好，例子也好，证明文字也好，如果你用具体而不是一概而论的词语表达出来，说服力自然会提升很多。

比如说，在谈到关于手机辐射的问题时，有的讲话者会说，"很多中国人都受到了手机辐射的污染"。这样一说，听众不会有太深的感觉，搞不清楚到底是多少人，不能让听众信服。如果我们运用一些证据来辅佐自己的观点，就可以这样说，"据信息产业部 2006 年 10 月底发布的消息，中国手机用户量已经超过 3.2 亿，这就意味着有 3.2 亿中国人都受到了手机辐射的污染"。这样一来，讲话者运用了数据来证明自己的观点，就会大

大增强演讲的可信度。

因此，我们要学会在演讲中适当地运用一些证据，用证据来论证自己的观点，才能让演讲真实可信。

四、利用来源可靠的资料

无数成功的演讲经验表明，能让听众觉得真实可信，一般都是比较可靠的资料。毕竟，听众会对看起来有偏见或以自我利益为中心的证据心存疑虑。比如说，在评估航空业当前的安全状态时，如果是来自航空业专家的意见，自然能够获得听众的信服。如果是其他部门航空工作人员的意见，必然会受到质疑。这也是所说的权威效应。因此，我们在阐述一个观点时，就需要采用一些相关人士的说法或者是建议。在实际演讲中要特别地提出来，这样才会容易得到听众的信服。

五、合理推理

我们都知道推理在生活中无处不在，但只有合理的推理才能使人们信服。在进行关于某项主题的演讲时，或许需要讲一个故事逐渐地推出你所要表达的结论。在推理的过程中，我们需要依据客观规律或者是常理进行推导，进而得出与主题相关的结论，听众自然会拍手称赞。但如果只是强制地、歪曲地、牵强地引入那个结论，势必会让听众心生质疑，甚至会让听众产生反感。

因此，我们在演讲时要时刻提醒自己，只有正确合理地推理，才能让听众信服。若是你不知道自己的推理是否可信，就找一些朋友或者是专业人士来帮忙，让他们给你提出一些切实可行的建议。

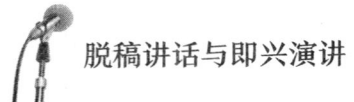

内涵深厚才能说得远

如果你能在任何场合谈上十分钟并使所有听众产生兴趣，你便是很好的演讲者了。因为人的交际范围是很广的，讲话对象或者是个工程师，或者是个法学家，或者是个教师，或者是个艺术家，或者是个采矿工人。

总之，无论是什么人，你若能用十分钟就使他对讲话内容感兴趣的话，真是不容易。不过不论难易，我们都要设法打通难关。常见许多人在脱稿讲话时，因为对听众的专业毫无认识而相对默然，这是很痛苦的。其实如果肯下功夫，这种尴尬情形就可减少，甚至做个不错的演讲者也并非难事。"工欲善其事，必先利其器"，虽是一句老话，直到现在仍然适用，所以要不断充实自己的知识。

一个胸无点墨的人，当然不能希望他在讲话中口若悬河。学问是一件利器，有了这利器，一切皆可迎刃而解。你虽不可能对各种学问皆做精湛的研究，但是所谓的常识却是必须具有的。有一般的常识，倘若能巧妙地运用起来，那么应付十分钟的讲话，应该是不难的。你须多读书多看报，世界的动向，国内的建设情形，科学界的新发明和新发现，世界各地的地方特点或人物的特性以及艺术新作，时髦服饰，电影戏剧作品等，皆可从报纸杂志中看到。

美国科学家爱因斯坦坐车到某大学去讲授相对论。他的司机对他说："博士，我听您讲过相对论已经有三十多次了，您说的那些话，我都能背下来了……"

爱因斯坦笑着说："那太好了！今天，我戴上你的帽子充作司机，由你自称是爱因斯坦去讲课吧，反正这个学校的人都不认识我，我正好休息

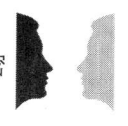

休息。"

于是，司机果然出色地讲了课。正当他要离开时，一位教授请他解答一个复杂的问题，司机想了一下说："这个问题太简单了，连我的司机都会解答，您不妨向他请教吧……"

这个故事不一定属实。然而，单纯分析这位司机的表现对我们认识演讲能力与学识的关系很有启发。这位司机的"演说力"，大概是不错的，所以，他能模仿爱因斯坦的言辞、语气，"出色地"代替爱因斯坦讲课。但是，这位司机并不具有爱因斯坦的学识。所以，当那教授向他请教一个新的问题时，他"卡壳"了。可见，一个好的演讲者要有深厚的内涵。

诸葛亮的辩才是名垂青史的，尤其是他舌战群儒和智激周瑜的故事更是脍炙人口。让我们看看他是怎样"智激周瑜"的：

江东孙权治理吴国时，"内事不决问张昭，外事不决问周瑜"。是战是和，周瑜是一个关键人物。面对这样一位年轻气盛的将领，诸葛亮背诵了《铜雀台赋》，借用赋中"揽二乔于东南兮，乐朝夕之与共"的句子，作为曹操想夺孙策和周瑜二人的妻子的证据，以此来激怒周瑜（"二乔"中的大乔是孙策的妻子，小乔是周瑜的妻子）。周瑜听罢，勃然大怒，离座指北而骂曰："老贼欺人太甚！"接着，周瑜明确表示了抗曹的决心，"望孔明助一臂之力，共破曹贼"。诸葛亮就这样圆满完成了联吴抗曹的使命。

在关键时刻，引用一赋竟能有如此巨大的激励作用，实在令人赞叹。这个故事生动地证明，平时积累知识，适时适地恰到好处地运用它，对于增进言辞的雄辩性是何等重要。诸葛亮平时若从未读过《铜雀台赋》，又怎能在与周瑜交谈之时用得上呢？

学识渊博的人能在军国大计的决策中，起到一锤定音的作用，而在民间交往中，博学多才者的言辞也往往能博得"满堂彩"。

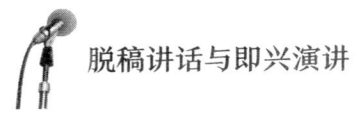

1924年5月8日，印度大诗人泰戈尔在北京度过了他64岁寿辰。北京学术界代表在东单三条协和礼堂为泰翁举行了祝寿仪式。

梁启超首先登上讲台，向这位须发皓然的老寿星致祝词："泰翁要我替他起个中国名字。从前印度人称中国为'震旦'，原不过是支那的译音，但选用这两个字都含有很深的象征意味。从阴雾霾霾的状态中必然一震，万象复苏，刚在扶桑浴过的丽日，从地平线上涌现出来，这是何等境界。'泰戈尔'原文正合这两种意义，把它意译成'震旦'两字，再好没有了。从前自汉至晋而西来的'古德'（'古德'，就是古代有道德的高僧），都有中国姓名，大半以所来之国为姓，如安世高来自安息，便姓'安'，支娄迦谶从月支来便姓'支'，康僧会从康居来便姓'康'，而从天竺——印度来的都姓：竺'，如竺法兰、竺佛念、竺护，都是历史上有功于文化的人。今天我们所敬爱的天竺诗人在他所爱的震旦地方度过他64岁的生日，我用极诚恳、极喜悦的心情，将两个国名联起来，赠给他一个新名叫'竺震旦'。"

这时，全场大鼓掌。

梁启超接着说："我希望我们对于他的热爱，跟着这名字，永远嵌在他心灵上，我希望印度人和中国人的旧爱，借'竺震旦'这个人复活起来！"

这番精彩的讲话包含丰富的历史文化知识，梁启超熟悉历史，不光熟悉古中国——震旦，也熟悉古印度——天竺，还懂得"泰戈尔"原文的含义，也就是所具有的外语知识，佛教知识和历史知识都十分丰富。这些引人入胜的史实文典与为泰戈尔命名这一话题有机结合起来，妙趣横生，无怪乎引起"全场大鼓掌"这样轰动的表达效果。

"有知"之言摧枯拉朽，锐不可当，"无知"之言谬误百出，贻笑大方。

对于胡说八道的"演讲"，的确是荒唐可笑。然而，我们平时的言辞中也往往由于知识不足而或多或少地闹点儿笑话或误会。因此，为了练就"三

寸不烂之舌"，必须努力扩大自己的知识面。

鲁迅先生在给一位青年的信中说过这样一段名言："先前的文学青年，往往厌恶数学、理化、史地、生物学，以为这些都无足轻重，后来连常识也不懂，研究文学不明白，自己做起文章来也糊涂，所以我希望你们不要放开科学，一味钻在文学里。"有志于提高自己脱稿讲话水平的人，读了这段话后应有所启示吧。

三段式框架运用

即兴演讲不宜篇幅过长，一般人在很短的时间也不可能构思出内容复杂的鸿篇巨论。因此即兴演讲宜简短精练，结构简单，一般为单线条式的结构，或横向的以事物的几个方面为纲，或纵向的以事物的发展过程为目，按逻辑思维的顺序、情感触发的线索为依据来组合材料，这样比较利于快速打好腹稿。演讲时只要列出几条突出的纲目甚至几个重点词语用以提示思维、控制思路，就可以完成一篇条理清晰、主题突出的演讲了。

即兴演讲的内容是可以按照一定的框架模式来准备的，如此，在拟定演讲稿时，就会从容不迫。通常可以把即兴演讲的框架模式总结为三段式，即三大部分：

第一部分：揭题。简单地对演讲题目内涵作出解释，或对其意义作用进行阐述。揭题要简洁明了，旗帜鲜明地亮出演讲的主题和观点。

第二部分：案例＋观点。根据演讲的时间要求，用典型事例论证自己的主题和观点。

第三部分：呼应。即演讲的结尾，或发出倡议，或表示决心，或展望未来，再次呼应第一部分的主题。

此三段式，虽然僵化了一些，但用在即兴讲话中却是非常合适的。

确定好了框架，接下来就是写作了。由于即兴演讲的准备时间一般都比较少，不可能写出完整的演讲稿，因而只能拟定一个简要的提纲。拟写提纲的顺序应当是先两头后中间。

首先完成第一部分和第三部分，即想好开头和结尾。这两部分非常重要。好的开头，会给评委留下好的第一印象，会让评委先从心理上接纳你的演讲，带着欣赏的心情来听后面的演讲；如果开头砸了锅，评委恐怕就会失去听你后面的演讲的兴趣。因此，后面的演讲即使很好，也会被打折扣。结尾也是相当重要的，因为评委打分就是在你演讲结束时。这时的评委也许已经有些疲劳了，对你前面的演讲印象可能不是很深了。一般情况下，比赛都是现场亮分，评委也不可能有更多的时间来推敲你的演讲，他依靠的主要是一种感觉，一种印象。因此，结尾部分将直接影响评委下笔打分的心情和对整个演讲的评判印象。此时如果用一段精彩的语言再次呼应主题，让评委再次兴奋起来，评委的给分极有可能会上扬。因此，我认为，即兴演讲的选手拿到演讲题之后，首先写好开头和结尾，这两部分的语言一定要生动，有感染力，开头能吸引评委，结尾能打动评委。如此，你的演讲就成功了一大半。

第二部分是演讲的主体。一方面，演讲不能空洞无物，只喊口号，你的观点必须要用论据来论证。因此，演讲必须要有事实论据来支撑。另一方面，即使允许只喊口号，在短暂的时间内，要想出占满演讲时间的口号式语言，也是相当困难的。此时最好的选择就是讲故事（案例）。讲故事符合演讲的要求，使内容有血有肉；讲故事不必刻意推敲语言，只在心里

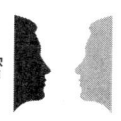

想一下故事梗概，在纸上写几个关键词，不必将故事全部写出来，上场后临时发挥就行了。这就可以节约出更多的时间来构思整个演讲，及对重点部分进行语言润色。

按照三段式写即兴演讲稿就像做填空题一样简单，可减少演讲者谋篇布局方面的时间。在即兴演讲的准备过程中，每分每秒都很宝贵，将节约出来的时间用于实质内容的思考、语言的组织与推敲，就比别人多了一点胜算。

当然，技巧只能是技巧，它必须以深厚的知识内涵为基础。所谓"台上一分钟，台下十年功"，没有深厚的知识、情感的积淀，技巧再熟练、再高超，也只能是空架子。因此，技巧只能是开路，真正的较量是演讲者内涵的较量。

可以脱稿不能离题

不能离题对于任何讲话来说都是一个最基本的原则，但很多人在讲话时不知不觉就离题了。他们讲话喜欢添枝加叶，听起来是考虑得很全面，实则离题万里，整个讲话内容有数量无质量，有长度无深度，听众听起来也抓不住重点，当然也不能得到更多的认同。这就是离题的表现，那么，造成这种结果的原因是什么呢？究其深层的原因，主要有三个方面的因素。

一是对于主题掌握不住，虽然知道要解决什么问题，但是由于自身的能力和水平有限，不知道该怎么去做，话总是说不到点子上。

二是思绪混乱，不知道自己讲话是为了什么，要达到什么样的目的，只是东说一下，西说一下，讲话内容杂乱无章。

三是主题太多，讲话内容涉及的问题太多，既想解决这个问题，又想解决那个问题，最后反而哪一个都没有讲明白，也就等于是没有主题。而没有主题的讲话对听众来说是没有任何价值和意义的。

脱稿讲话一定不能离题，发言者要时刻注意紧扣主题，所有讲话内容都要围绕主题，不能随意扩展。而如果所有的发言都在主题上，那么，即使阐述过程中跑得"远"了点，只要有道理、对口味，自然会得到听众的认可。

即兴讲话可以脱稿，不能离题，就是要求讲话者将话说到点子上，不能偏离了主题。虽然说起来很简单，但不是人人都能做到的。那么发言者如何把话说到点子上，不跑题呢？需要做到以下几个方面。

一、选择与主题相关而又符合语言环境的话题

任何会议和场合都有其特有的主题，发言者在即兴讲话的时候要时刻紧扣这个主题，围绕主题说下去，就可以避免自己跑题。同时，讲话除了应景外，还要应人，即要根据听众的职业特点、文化程度、思想水平、性别年龄、处境心情确定话题，这样的讲话才能得到听众的认可和喝彩。

在文物收藏家邓老先生（曾向全国多所重点大学和省市级博物馆捐赠文物 1300 多件）的一次生日宴会上，一位领导代表受赠单位同时作为老先生的朋友作了即兴讲话。

今天我要送给邓先生两句话："大德必寿（出自《礼记·中庸》），美意延年（出自《荀子·致士》）。"意思是说有高尚品德的人会得到长寿，心情愉快就能延年益寿。养生不仅仅是一种健身手段，更是一种人生哲学。邓先生平时自称是"五乐老人"，即助人为乐、

知足常乐、自得其乐、与众同乐、苦中寻乐。我要说，你的"五乐"应当加上一乐——为善最乐，你是"六乐老人"！

从这段演讲来看，那位领导是按照主题来讲的，考虑到在座的来宾都是文化界的资深人士，故引用文言古语，彰显出浓厚的文化氛围，既切合了寿宴的主题——祝寿，又能跳出诸如"福如东海，寿比南山"的俗套，符合语言环境，应景又应人，这就很好地紧扣住了主题，没有跑题。

二、培养缜密清晰的思维

思维是一种积极的有目的的认知活动，是人脑对客观事物概括的、本质的、间接的反映。

语言又是思维的载体，所以语言的正确与否直接和思维有关。很多人在即兴发言上离题了，就是因为思维不够缜密，甚至出现了思维混乱的现象。所以，我们在公众场合说话时要注意思维缜密。在生活中要注意一个问题一个交代，不要模糊问题的中心，并不断地去积累，这样你的思维会变得越来越缜密，越来越有条理。

那么具体来说，我们需要怎样去实行呢？

首先，学会准确地发表自己的看法。在叙述一件复杂的事情或者阐述某个观点时，讲话者最好先在脑子里打一遍"草稿"，先思考，后表达，分层次，讲条理，这样一来，就会使言语的逻辑性大大提高。而对那些可长可短的话题，要力求简短，对可有可无的铺垫话语，则尽量不说。

此外，需要注意的是，在进行发散讲述的时候，我们需要练就"收回来"的能力。若不及时"收回来"，就会真的跑题，回不到主题上了。所以，在讲述时，讲话者最好想好在什么时候或者什么地方把话题转向主题，这样就不至于让自己离题了。

其次，要克服紧张、焦虑、恐惧等不良情绪，保持良好的心境。在进行脱稿演讲时，讲话者若能镇定自若地阐述自己的看法，使自己的思维流畅，语言流利，也许就不会出离跑题的现象。若是在演讲时出现紧张、焦虑等状况，这就会影响思维的正常运行，有时还会出现混乱的局面。这就说明自己已经跑题了。所以，良好的状态和心境很重要。

在了解了以上的原因和方法后，我们就可以有针对性地提高说话的能力。这样一来，就可以逐渐增加话语的掌控权，让自己的演讲精彩绝伦，不但能脱稿，而且不会离题。

要与听众形成精彩互动

可以设想一下，如果一个演讲者在演讲时，没有与听众进行情感交流，没有让听众参与进来，那么毫无疑问，他的演讲是失败的。

圣弗朗西斯科的喜剧教练约翰·坎图建议，通过唤起听众情感上的共鸣，让他们参与到演讲中来。"有一些特殊事件对人有很多特别意义——他们的中学时代，他们的第一辆车，他们的第一次约会。"他说，"设法将这些事件引入到你的演讲中去。"这和让听众回想与他们约会的第十个人一样简单。"任何听你讲话的听众都会不由自主地想到那个人。"约翰解释说，"他们会强烈地融入你的演讲。"

这里只有一件事需要注意——你必须澄清为什么你要让听众想这些情感上的东西。"它必须与你的讲话有关并且能够说明问题。"约翰说。幸运的是，这很容易做到。只要在你的演讲中找一些可以引起类似感觉的情

况，然后将它与你要让听众想象的东西联系起来。想一下你的第一次约会，还记得你是多么兴奋、害怕，而又高兴吗？这就是我走进银行，申请贷款开公司时的感觉……

约翰·坎图还建议，通过唤起听众所有感官的记忆，让他们参与进来。他特意描述了一个运用所有感官的情况。"你还记得高中时吗？所有人都在大厅里走来走去，所有人都围着你讲话，那个地方闻起来像公共厕所。""你不要过多地使用它。"他提醒说，"但是这可以帮助保持听众的参与。"

演讲中，在适当的情境下进行提问可以缩短与听众的距离，满足听众的好奇心，创造宽松的气氛，让演讲者处于主动地位。请看下面这段演讲。

"同胞们，敌人在践踏我们的领土，敌人在屠杀我们的乡亲，敌人在掠夺我们的财产，敌人在烧毁我们的房屋，敌人在蹂躏我们的妇妹，难道我们能容忍他们如此兽性大发，胡作非为吗？难道我们能让他们涂炭生灵，为非作歹吗？不能，绝对不能！怎么办？大家说怎么办？"强烈的情感点燃了听众与敌人斗争的熊熊火炬，他们义愤填膺，异口同声："与他们拼了！"这样，听众与演讲者心相连，语相通。

提问要适时而发。提问要在气氛很融洽的情况下进行。这样听众才能很好地配合你。如当你讲到现实生活中机构臃肿，办事艰难，你的观点又引起了听众的共鸣时，你可这样发问："朋友，刚才我说到的这种'门难进，脸难看，事难办'的现象，您碰到过没有？"

提问要视事而发。在听众有一种强烈的探讨欲、表现欲时可进行提问。比如演讲中讲到"金钱"问题时，一般人对它很敏感，可以这样问："有人大声呼喊，'世上只有金钱好，没有金钱不得了'，在座的诸位，你们说，对吗？"

提问是最易使演讲进入高潮与走向低谷的手段，一定要把握好分寸。

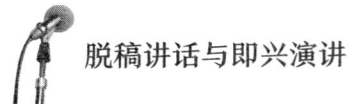

提问要简洁。提问次数不能太多，每次提问要简短，问题的答案要能让听众在很短的时间内答出来，甚至在潜意识驱使下就能作答，切忌内容晦涩难懂。提问要真诚。除了在不得已的情况下，比如想通过提问来平息喧闹，一般不要问得离奇，问得庸俗，问得莫名其妙，要示之以诚，发自真心。让听众参与你的演讲，有一个简单的办法，就是给他们一个没有危险性的问题，让他们举手回答。这一动作不仅可以提高听众的精神状态，而且还能提高他们的接受能力。

允许自己说几句错话

在脱稿讲话时，有一些人因为说错了话，就不知道该怎么进行下去了，也不知道怎么来挽回这种场面，最终把自己弄得特别尴尬，日后对此事还耿耿于怀。其实，说几句错话也没什么大不了的，这些错话是你成长的基石，只要你学会善于化解，巧妙应对，你同样是出色的讲话者。

所以，首先不要害怕说错话，在讲话过程中偶尔说错一两句话，听众应该是可以原谅的，因为谁都会犯错。对大部分人来说，我们不是学校里的专职老师，更不是职业演讲家。讲话出错或讲不好并不奇怪。若是第一次当众讲话或者讲的内容是全新的，缺乏经验，出错就更正常了。因此在脱稿讲话的时候，要允许自己讲错话，不要因为一句错话而自责。

美国前总统小布什在某次签署国防拨款法案时说错了话。布什说："我们的敌人变换手法，随机应变，我们也一样。"他接着说，

"他们从不停止考虑危害我们国家和人民的新途径，我们也一样。"

布什说错了话，在场的所有美国高级军官和国防部官员没有一个人作出反应。他们当中有国防部长拉姆斯菲尔德、副部长沃尔福威茨和参谋长联席会议主席迈尔斯。美联社就此取笑说，布什总统在他的"布什主义"版本中加入了新的内容，但白宫发言人麦克莱伦说，布什的口误就像多数心直口快的人的口误一样。

布什身为总统也有出错的时候，即使是圣人也有说错话的时候，这是很正常的现象。脱稿讲话中说错话就更可以理解了，因为摆脱了讲稿的规范，现场发挥中难免会因为紧张或急切而产生口误，就像麦克莱伦说的那样，这只是一次口误，只要后面的内容连贯、清楚，听众不会纠结这一次失误，讲话者本身更不要受其影响。

因此，以后如果在讲话时不小心说错了话，先不要慌张，应该按照原来的主题继续下去。虽然自己抱有遗憾，但是不要为此沮丧。因为每个人都要允许自己有一个成长的过程，要学会随时随地给自己一个恰当的定位，任何事物的发展都是从小到大、由弱变强的，要允许自己在缺少经验和技能生疏的情况下犯一两个错误。

这里要提醒的是，我们可以允许自己讲错话，但是我们不能允许自己讲"假话"。因为讲错话是无心的，你本意并非如此，只要日后加以纠正，自然就会有效果。而讲假话就恰恰相反，讲出来的话是在捏造事实，歪曲事实，目的是混淆视听，扰乱听众的想法。所以，我们必须要杜绝讲假话的行为。

虽然在演讲中不小心讲了错话，会让自己留下很多遗憾，但是也没有必要为此耿耿于怀。要知道每个人都需要接纳自己的错误，也正是因为犯错

才知道自己在哪些方面有所欠缺，所以，应该以此为经验，吸取教训，避免下一次在演讲中犯同样的错误，并最终将自己培养成一个出色的演讲者。

一开口，让全世界都听你的

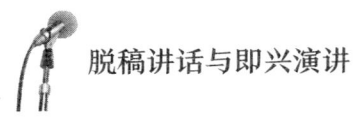

第十四章
主持会议

在实施管理和进行决策时，会议是不可缺少的基本工作形式。会议既是与会者互通信息、协调关系的场所，又是部署工作、展示决策意图的手段，也是发动群众、鼓舞士气、调动群众积极性的方法。会议的效果与诸多因素有关，但就主持会议的发言者而言，其语言表达的技能是至关重要的。因此，在主持会议脱稿讲话的时候，要按照一定的思路进行，这样可以很好地避免跑题。

首先，导入议题。在会议开始时，主持会议的讲话者把要陈述的内容，包括会议的主题、目的、意义、议程问题，简明扼要地讲出来。

其次，引出意见。主持会议的发言者可以选择用发问的形式来询问与会者的意见，或者通过观察与会者的反应和动向，再相应地提出问题。此外，发言者还要引导不发言者提出意见。

再次，导出结论。主持会议的发言者要记录与主题相关的意见，指出与会议相符合的观点和意见，对这些观点进行分析并加以比较，从而导出结论。

最后，归纳结论。主持会议的发言者要澄清、归纳各意见的要点，宣读结论，务必让大家有同样的认知，唤醒与会者实行的意愿，并分配具体

工作和任务。

牵线搭桥，巧妙连接

主持一个会议，一般都要在中间牵线搭桥，过渡照应，把整个会议连成一个有机的整体。这个连接过程也是主持者发挥其机智和口才的过程，它将显示主持者的组织能力和概括能力。

在脱稿讲话中，主持会议的发言者所用的连接语不外乎承上启下：肯定前面的，画龙点睛；呼出后面的，渲染蓄势。在会议主持中，连接语用还是不用，话长还是话短，应看具体情况。若需用连接语，即可顺带，也可反推；可以借言，也可直说；可以设疑，也可问答。总之，不要弄成"主持八股"，应以别开生面、恰到好处为原则。我们以李开复某年主持的互联网技术大会为例，来看一下如何在脱稿讲话中牵线搭桥、巧妙连接。

中国网友朋友们，大家新年好。非常感谢大家在新年里就来参加今天这个由中国互联网协会和 Google 合办的互联网技术大会，希望在这次大会中你们能够看到很多新的知识和思想的碰撞，学习到新的技术和新的想法。记得在 8 年前我就在这个讲台上推出了"21 世纪的计算"会议，到今天还是非常的成功，但是回顾一下这 8 年，发生了很多的事情。8 年前 Google 还在一个车库里，8 年前中国互联网协会还没有成立，8 年前我们还在讨论计算，没有想到今天互联网的重要性。在 8 年前我们不可能想到在今天中国即将有世界最多的网民，当时更多的是希望引进国外最先进的技术和思想，而今天我们看到中国和国外的专家交流，国外的专家来到中国，更多的是他们发问，他们希望理解中国互联网如何发展。中国互联网走上了国际舞台，这是我们希望看到的。

今天这次大会我们的主要目的就是交流技术，并且带来世界最顶尖、最新的国内外技术专家。在演讲人方面，我们看到有很多学术界的科学家，也可以看到很多互联网行业的实践家，他们都是各个领域的技术专家。Google 期待每一年都能够在春季和中国互联网协会继续合作，举办这种大会。希望明年我们会把邀请函再发给在座的每一位。

今天请到的专家有，被誉为互联网之父的 Vint Cerf，他昨天刚刚获得了清华大学名誉教授的荣誉，中国工程院副院长、中国光纤传送网和信息网专家邬贺铨博士，Ask.com 的首席科学家和高级副总裁 Tao Yang 博士，Mazilla 公司首席执行官 Mitchel Baker 女士，清华大学吴建平教授，中国移动研究院院长 Bill Huang，Google 以色列研发中心的负责人 Yossi Matias，Google 台湾研发中心的工程总监简立峰博士，Google 工程经理 Greg Stein，核心 JAVA 类库架构师 Joshua Bloch，AJAX 创建者、产品体验公司 Adaptive path 的共同创建者兼总裁 Jesse James Garrett。希望他们能够分享他们的想法，谢谢大家。

......

下面想介绍一位中国互联网非常著名的学者和领头人，现任中国互联网协会理事长，是中国工程院院士，曾任中国科学院副院长，也是中国的模式识别与人工智能领域最早的探索者之一。

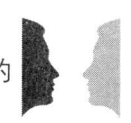

他领导成立了在模式识别领域的第一个国家政府实验室。让我们欢迎中国互联网的大家长、中国互联网协会胡启恒理事长。

......

这种场合主持会议的人是作为嘉宾，其发言目的是告诉听众来听什么，为什么听，主讲人都有哪些，在讲话的时候，需要注意什么……作为主持人就是做好牵线搭桥，巧妙地连接现场，承上启下，穿插衔接性地发言，让整个会议自然流畅地进行。所以，我们在主持会议的时候，也要做好上下的衔接，巧妙地使会议有序地进行。

主持人除了做好会议的牵线工作外，还需要在脱稿的时候怎么说，说些什么呢？

首先，点明主题。主持者一开始点题，就为自己接下来的话设定了方向，不会让自己跑题，也让听众知道来这里的目的是什么。

其次，讲明缘由和目的。说缘由和目的的意义是挑起听众的兴趣，主要说与他们有关系或者是听了对他们好处的内容。

再次，介绍主讲人。介绍主讲人的目的是树立权威性，增强听众的信任度和好感。

最后，做好现场的提醒。主持人要确保现场的秩序，就必须提前做好提醒工作。

此外，在上述思路的基础上，还要在承上启下的时候，做到巧妙地连接，不要出现冷场或者尴尬的局面，因为这对主持者和会议都是非常不利的。

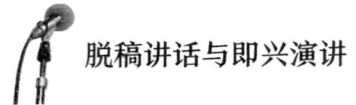

开场白用事实和数据点题

假如你是一位银行客服经理，你所在的银行要推出一个理财产品，特意安排了一个新闻说明会，请专业人士为你的理财产品做介绍。这时你作为主持者，要在开场的时候说几句话，把专业人士和主题介绍出来，你应该怎样说呢？很多主持者都为此焦虑不已，他们希望自己所讲的内容具有说服力，又能博得听众的认可。为了能达到上述目标，我们不妨在开场的时候，试着用事实和数据说明问题，也许会达到意想不到的效果。马云在内部讲话"现在人口是一种资源"中就利用了这一点。

互联网只要有人口就好。世界上人口太多是一种负担，但其实，现在人口是一种资源。澳大利亚有的是矿产，但经济搞不起来，其中的一个因素就是人口只有两千万。中国是一个人口大国，人口就变成是一种资源。对蒙牛来讲，我告诉你，你们最大的资源就是国内众多的人口，两千万人口要做蒙牛是不可能的。中国一定会诞生这样的乳业巨头。网络必须要有众多的人口来支撑，中国没有基础建设，我们把它建起来。蒙牛当时也没有配送，也是这么一点点建立起来。我们没有想到在我们建了9年以后，我们变成全中国电子商务的基础建设者。我们的基础建设是什么概念呢？我们如果把自己当作房地产开发商，我们其实只做三件事情，房地产下面的水要用我们的，电要用我们的，煤气要用我们的管道，其他我们不做。

我们希望三五年以后，所有的传统企业，如果你想做电子商务，就要跟我们阿里巴巴接上。水电煤是什么？就是访问量。

阿里巴巴有 2 000 多万家中小企业，淘宝有 7 000 万用户，假设你今天想卖产品给消费者，我们把这个管道，把淘宝的管道跟你们接在一起，你们就有 7 000 万客户。今年 7 000 万，明年可能是两个亿，大量的消费者到你这里来。做批发的，阿里巴巴给你接上，这就是水……

从范例中，我们可以了解到，马云在开场的时候就利用了数字，使在场的每一位听众信服，不仅点明了主题，也让在场的每一位听众进行了深思。因此，我们在以后的脱稿讲话中，不妨借鉴此技巧，用事实和数据来证明自己的观点。

在主持会议上，怎样用事实和数据来搭建讲话的思路，说服在场的每一位听众呢？

首先，开场白用事实和数据点题。主持者可以参照范例的方式，编写或者组织适合自己讲话的数据和事实。数据和事实必须能够有力地说明问题，引发在场每一位听众的思考。

其次，阐发目前面临的问题，也就是要讨论的主题。每一项会议都需要集中解决几项重要的问题，尽可能地调动所有与会者，让他们提出宝贵建议。

最后，总结会议的结果以及分配工作任务。主持者在会议结尾的时候，要善于总结会议的成果，并且根据具体情况把工作任务部署下去。只有这样的会议才是有效的。

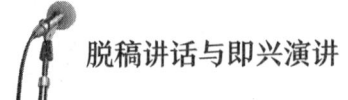

结束语宜少不宜多

会议结束时，还需要主持者作出总结性发言。主持者在总结的时候，最好不要说太多的话。长篇大论只会让听众心生反感。要知道，话多不如话少，话少不如话巧。所以，在脱稿结尾时，结束语宜少不宜多。以下是某主持者在会议结束时，作出的总结词，篇幅虽短，会议意义和期望祝愿却表达到位，显得干净利索。话少对于脱稿来说，无疑是有益的。

尊敬的各位领导、各位来宾、经销商朋友们：

再次感谢大家参加此次盛会！感谢大家对××多年如一日的支持！今天，我们高朋满座，畅谈合作。我们共同事业的美好前景，通过各位领导的发言，像大海一样徐徐展开，就等待着我们高张云帆，起航共进！

我深信，经过此次会议，我们决胜未来的信心更为充足，我们的共同信念将更加稳固，我们之间的诚信合作精神将再度闪耀光芒！我深信，只要我们团结一致，真诚相待，和谐合作，共同奋进，我们一定会创造出更加惊人的奇迹，我们一定会在不远的将来成为行业冠军！明年的今天我们一定会再次把酒言欢，欢庆胜利！尊敬的各位来宾、各位朋友，××2016年度核心经销商会议到这里就结束了，再一次感谢大家！衷心地祝愿各位在新的一年身体健康，财源广进，事业腾达，笑傲商海！

从范例中我们可知，主持者如此简短的总结不仅做好了自己的角色，

还没有喧宾夺主。所以，我们在主持会议的时候，要尽量减少自己结束的话语，努力做到短小精巧。

一般来说，会议的结束语会有一条基本思路，因为不同的会议会有不同的情况，需要根据情况作出相应的调整，在此提供一条参考思路。

首先，主持者要表示感谢。这里的感谢主要是对在场发言的每一位嘉宾或者是与会人员，感谢他们的参与。

其次，总结收获。整场会议持续下来，总会让你收获一些东西。作为会议的主持者，要简要地总结一下，并且这些内容要符合大众的心理，这样才能博得听众的认可。

最后，再次感谢。对于来参加会议的每一个人表示感谢，对每一位发言者表示感谢。

社交场合主持较随意

假如你作为一次同学聚会的主持人，你怎样通过讲话来协调当时的场面呢？谁都不希望自己在同学面前丢面子，所以想尽量做好。其实，要主持好这样的场合并不难，因为每场会议都有各自的特征，像同学会这样的社交场合，主持的风格就应该更加随意一些，不必照着稿子念。发自内心地讲几句话，也许会有意想不到的效果。在老同学面前，念稿势必会显得关系生疏，而随意说上几句话反而能拉近彼此之间的距离，以下范例就是一次老同学聚会上的主持人发言，可供大家参考。

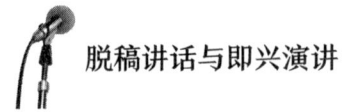

尊敬的各位老师、各位老同学：

十年前的今天，我们告别了熟悉的母校，也告别了亲切的同学和老师。时光流逝，岁月如歌，不知不觉我们已走过了十个春天。

十年来，大家的每一步成长和变化，成了我们心中长久的期盼。经过前期筹备，在全体同学的积极响应和共同努力下，今天我们终于相聚了！此时此刻，大家的心情应该和我一样，非常激动。2000 年，我们怀着初识的喜悦，相聚在这平凡的集体中，从此开始了三年的同窗生活，度过了人生那段最纯洁最浪漫的时光。

我想，这不仅仅是一种记忆，更重要的是一种财富，足以让我们用一生去珍惜。今天我们举办这次聚会，就是为大家提供一次重叙旧情、互述衷肠的机会，重温老师恩同学情，来共同追忆温馨的昨天和曾经的浪漫，畅谈人生的艰辛和美好，共同展望精彩的明天。

这次同学聚会，我们还特别邀请了班主任参加，并对我们的同学聚会进行指导，让我们以掌声对王老师的到来表示热烈的欢迎和衷心的感谢！

下面，我们的聚会联欢正式开始。请我们的班主任王老师讲话，大家欢迎！

……

老师的希望就是我们的奋斗目标，让我们牢记王老师的嘱托，今后在各自的工作岗位上继续努力拼搏，争取在下次聚会上拿出更加辉煌的业绩！

请各位打开珍藏十年的记忆，敞开密封十年的心扉，来尽情地畅谈十年来的友情和诉说十年来的离情。也希望我们的倾心长

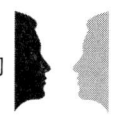

谈能使青春时光倒流十年，能使我们每一个人的心再年轻十岁！

请大家开怀畅饮，一醉方休！

范例中的主持人，主持风格比较随意，看起来没有那么古板，很自然地把现场的流程穿插起来，既流露出了和同学之间深厚的感情，也表达了对老师的敬仰之情。同时还调动了现场的活跃气氛，增强了聚会的欢乐氛围。

虽然在社交场合可以随意地主持，但也不是没有思路和规律可循，下面为大家提供一种比较通用的方法作为参考。

首先，表示欢迎和感谢。会议主持者要对于现场的人表示热烈的欢迎，也要特别欢迎邀请的嘉宾，对于他们的到来表示衷心的感谢。

其次，回忆往昔。会议主持者通过讲述往事来增添气氛，唤起场上每一位听众的内心情感，与听众产生共鸣。采用此方式，能够活跃现场气氛。

再次，请嘉宾上台讲话。如果在聚会现场有被邀请的嘉宾，主持者就可以请嘉宾上台讲话。这既表示对他们的尊重，又可以活跃现场的气氛，会议也就不会显得单调了。

最后，感谢和祝福。主持者在最后要再次感谢到场的每一个人，并对大家的未来表示美好的祝福。

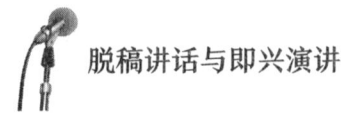

第十五章

竞聘述职

竞聘演说是竞选者为了实现竞聘目的而发表的演说。它广泛应用于企事业单位员工招聘、承包工程招标等场合。其主要作用是制造舆论，推介自身，争取选民。随着我国民主政治进程的加快，这种演讲形式将会被广泛采用，也更加显示出它的重要作用。因此，讲话者若不具备高水平的口才，就不可能在竞选中战胜对手，也肯定胜任不了职位。

竞聘讲话稿的写作思路大致包括以下几个方面。

标题。大体有三种形式，一是公文标题法，即由竞选人加文种组成，或由竞选职务加文种组成；二是文种标题法，很简单地标出"竞选演讲"；三是运用正副标题法。

称谓。对竞选主管人员或主办单位的称呼。

正文。首先写清竞选的原因和愿望；然后写明自己所具备的应聘条件，包括学历、资历、政治思想、业务水平等方面的条件；最后表明自己竞选的决心和信心，请求主管单位考虑。

述职演讲是人事部门考察、任用干部的一种形式，体现了干部工作中的务实作风和群众对干部任用、选拔的知情权与监督权；是干部本人在特定的会议上，面对特定的听众所作的演讲报告；本着对个人、对组织负责

的态度，采用自述的方式介绍自己工作方面的情况。

述职演讲要有鲜明的个性，要报喜也要报忧，要做到全面与重点相结合，要以叙述为主，兼用议论。述职演讲的重点在"述职"，主要是讲在一定时期内的任职岗位上做了哪些工作，取得了哪些成绩，存在哪些问题。其内容不外乎德、能、勤、绩四个方面，具有总结性和汇报性。

述职演讲的正文，由开头、主体、结尾三部分组成。

开头。开头，又叫引语，一般交代任职的自然情况，包括何时任何职，变动情况及背景；岗位职责和考核期内的目标任务情况及个人认识；对自己工作尽职的整体估价，确定述职范围和基调。这部分要写得简明扼要，给听者一个大体印象。

主体。主体，是指述职报告的中心内容，主要包括实绩、做法、经验、体会或教训、问题，要强调写好以下几个方面：

对党和国家的路线方针政策、法纪和指示的贯彻执行情况；对上级交办事项的完成情况；对分管工作任务完成的情况；在工作中出了哪些主意，采取了哪些措施，作出哪些决策，解决了哪些实际问题，纠正了哪些偏差，做了哪些实际工作，取得了哪些成绩；个人的思想作风、职业道德、廉洁从政和关心群众等情况；找出存在的主要问题，并分析问题产生的原因，提出今后改进的意见和措施。

这部分要写得具体、充实，有理有据，条理清楚。由于这部分内容涉及面广、数量多，所以宜分条列项写出。"条""项"要注意内在逻辑关系。

结尾。结尾一般写结束语。正式场合的述职报告用"以上报告，请审阅""以上报告，请审查""特此报告，请审查""以上报告，请领导、同志们批评指正"等作结语，一般情况下用感谢语作结语也可。

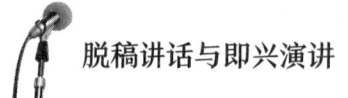

理由充分，条理清晰

目前，不管是各级政府机关，还是企事业单位，都实行竞聘上岗，有的单位要求竞聘者，不仅要写好竞聘述职的报告，还要当众进行脱稿陈述。所以，做好一次竞聘演讲，不仅需要把报告写得全面、具体，还需要在现场陈述好。所以，讲话者需要在脱稿陈述时，充分说出竞聘的理由，这样成功的机会才能更大。接下来，以曾四次出任英国首相的威廉·尤尔特·格莱斯顿在爱丁堡郡所作的竞选演说为例，感受一下理由充分、条理清晰的竞聘讲话。

先生们：

我再次请你们与我一起看看海外的情况。同时，由于我想做到完全公正，我将告诉你们我所认为的正确的外交政策。

第一条原则是：通过公正的立法和发展国内经济使我们国家强大起来。由此就产生了国力的两个基本的要素，即作为物质要素的财富和作为精神要素的团结和知足。同时，我们还需保存国家的实力，保存实力以便在更重要、更值得的海外场合使用。这些就是我所主张的外交政策的第一条原则：在国内有个好的政府。

第二条原则是：外交政策的目的应该是使世界上的国家，特别是信奉基督教的国家，享有和平的好处，以便我们在想起基督徒这个神圣名称时问心无愧。

第三条原则是：如果我们想使自己成为和平的倡导者，但又认为自己比其他国家更有权就和平问题发表意见，并且把这种观

点传播给别国人民，或者否认其他国家的权利，那么，这就很有可能会破坏我们的全部信条的价值。在我看来，第三条正确的原则应该是：努力形成并尽可能长久地保持现在所说的欧洲合作，使欧洲主要国家保持联合。为什么要这样做呢？因为通过保持国家的联合，即可抵消、束缚、抑制他们各自的自私目的。在这里，我不想奉承英国或欧洲任何一个国家。他们有自私的目的，不幸的是，我们也有，正如我们近年来已经可悲地表现出来的那样。但是他们的共同行动，会压倒自私的目的；共同行动意味着共同的目标，能够把欧洲各国联合在一起的唯一共同目标，是与他们所有国家的共同利益紧密相连的。先生们，这就是我认为外交政策的第三条原则。

第四条原则是：你们应当回避那些没有必要、纠缠不休的义务。你们也许会因这些义务而自夸，也许会因它们而自大，也许会说你们正在为国家赢得尊敬。你们也许会说，英国人现在可以在别国面前高高地抬起头了；也许会说，英国人现在已不处于那个只考虑英镑、先令和便士的自由党内阁的控制之下了。但是先生们，这一切又能说明什么呢？它说明了你们正在增加你们的义务而没有增长你们的国力；而如果你们只增加义务不增长国力，那就是在减少、削弱你们的国力。你们实际上使国家衰弱了而不是变强了，你们使它今后承担义务的能力变弱了，你们使它传给后代的遗产显得不珍贵了。

第五条原则是：承认所有国家的平等权利。也许，你们给予某一国家的同情会多于对另一国家，不，在某种情况下，你们必然会对某一国家的同情多于对另一国家。通常你们必然最同情那些在语言上、血统上、宗教上与你们关系最近的，或在当时情况下看上去最值得同情的国家。但是，从权利的角度来看，他们都是平等的。你们也无权建立一个体系，借以将其中某一国家置于道德怀疑或监视之下，或使之成为你们经常辱骂的对象。如果你们那样做，特别是如果你们自以为是地宣称自己比他们所有国家都优秀，那么我要说，你们若乐意就谈论你们的爱国主义去吧；但你却是你们国家的一个判断失误的人，而且正在破坏别人对你们国家的尊重与敬爱。因此，实际上你给了你们国家最严重的伤害。现在，先生们，我已告诉了你们五条外交政策的原则了，接下来，让我告诉你们第六条吧！

第六条原则是：在我看来，外交政策是受我前面所提到过的那些条件制约的，而英国的外交政策应当永远注入对自由的热爱，应该有一种对自由的赞美态度，一种给自由以发展机会的要求……

从这篇演讲稿我们可以看出，格莱斯顿在发表竞选演说时思路清晰，理由充分，分别阐述了六条原则，还针对目前外交政策的不足提出了自己的想法和观点，整篇内容条理分明，有理有据，也反映出格莱斯顿对工作的认真态度。

一般在竞聘脱稿陈述中，我们可以参考以下思路来组织一场讲话。

首先，简要介绍自己的有关情况，如姓名、学历、职务、经历等。所谓基本条件就是政治素质、业务能力和工作态度等。这一部分实际上是要说明为什么要应聘，凭什么应聘的问题。在介绍基本情况的时候，要有一定的针对性，并非要面面俱到，而应根据竞聘职务的职能情况有所取舍。

其次，阐述自己的竞争优势。讲话者可以逐条进行说明，可以像范例

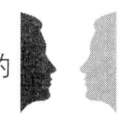

一样列出具体的小点进行逐一阐述。这样的表达方式让评委和听众能清楚地知道你在这次竞聘中的优势，利于自己在竞聘中脱颖而出。

最后，表明自己任职后的打算。评选者更关心的还是竞聘者任职后的工作计划和努力方向。因此，在竞聘演讲时，一定要清楚表达出自己的观点，也就是说，要紧紧围绕着听众关心的热点、难点问题，提出明确的工作目标和切实可行的措施。

具体阐述工作目标和设想

一般来说，竞聘者在竞聘演讲时，一要讲清自己的应聘条件，突出自己的优势，并且这种优势足以胜任应承担的职务和工作；二要回答"若在其位，如何谋其政"的问题。要在有限的讲话时间内完成上述工作，脱稿讲话的总体内容就应始终围绕一个目标——岗位职务工作进行，做到目标明确，语不离宗。以下就是以工作目标和未来发展为主要内容的竞聘发言。

各位领导：

首先，感谢公司提供了这个展示自我的机会。"公开、平等、竞争、择优"，这是历史的必然，也是时代发展的要求。这次竞聘对我来说是一次重要的激励和挑战，将有益于我个人素质的提高。此次竞争，无论成功与否，我都将一如既往地听从组织的安排，干好自己的本职工作。

......

我认为设立本岗位的目的就是要适应当前的竞争环境，提高我公司运营质量，为一线业务发展做好后台支撑。主要实现以下目标：

1.贯彻落实及组织制定各项规章制度、销售指标及任务、人员管理办法、库存计划，保障卖场的安全、高效、稳定运行。

2.加强检查、监督力度和人员能力开发，组织店内、店外促销活动，做好人员调配、商品排列、商品布局工作，协调、配合厂家的现场促销，有效降低企业运营成本。

3.及时、准确、有策略地开展调研，确保价位优势及合理利润，并制定针对竞争对手的灵活、阶段性对策。

4.掌控门店及配送中心库存情况，执行安全库存制度，提高资金使用率，加快资金周转。

5.对样机进行专项管理，加快样机周转。

6.组织员工进行业务培训，制定技术规范，开展技术支援，提高全店人员整体业务水平。

7.保证上级公司制定的命令、授权及任务等在门店得到畅通传达，并对结果进行反馈和分析。

以上七个目标是相辅相成的，全店人员整体业务水平的提高，必将能够保障我店的安全、高效、稳定运行，也必将降低企业在运行维护方面的各项运营成本。

如果这次我能够竞聘成功，我将做好以下工作，并认真履行自己的岗位职责：

1.协助各部门做好店面销售，提高岗位执行力，高质量地做

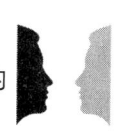

好计划、组织、领导、控制和管理工作

我认为，作为门店经理，是分部总经理对部门管理的分担者。因此，我要摆正自己的位子，严格做到：工作主动积极不越位，协助管理不越权，加强团结不分散；充分调动部门员工的工作积极性，发挥他们的聪明才智；加强内部员工的业务技术培训，提高整体员工的技术水平；加强各项运行维护管理制度、作业流程、管理办法的执行力度，做好监督、检查、指导、考核，使得各项维护工作能够贯彻落实。

2. 努力完善自我，提高工作能力

虽然我刚刚接手门店经理的工作，但是在家店零售行业一日千里的今天，尤其是在店面运营维护技术方面，如何加强零售经营的稳定运行能力和营销网络的业务支撑能力，强化一线销售人员技术和意识，做好运营管理系统大客户的自主开发工作，将会是一个需要认真学习，不断发展的领域。只有不断努力学习，深入实践，才能做到与技术同步，担当起技术指导和管理的任务。

3. 创新解决问题的方法，加强技术交流和对外协作

店面零售管理人员在不断提高自己水平的同时，还应该能够组织各方面技术力量。我将充分利用公司先进的交流平台，为各部门、各单位提供更加丰富和完善的数据技术支持。另外，我还要加强全店销售人员的交流与培训，组织更多更高水平的讲座，提高整体防范意识和技术水平，以保证全店的安全、高效、稳定运行。

……

4. 加强应用开发，利用先进的方法进行科学管理，提高管理

成效

　　随着经营的日益多样化，零售工作所面临的问题也越来越复杂。俗话说，"道高一尺，魔高一丈"，服务售后的领域就是在此消彼长中不断发展，不断进步。服务永远面临着挑战，没有一劳永逸、尽善尽美的解决方案，所以在各项日常售后工作中，不仅要求我们的售后人员随时跟踪，了解售后维护重点工作内容，还要在各种不稳定、不安全情况的发展中不断提出新要求，解决新问题。最重要的是，我们还应加强售后服务的自主开发，不仅可以提高分部客服的技术水平，而且对后期维护、客户再开发等方面带来便利，能够为企业节约大量资金，降低企业运营成本。

　　各位领导，各位同事，以上是我对自己基本情况和工作思路的汇报，不足之处，请批评指正。

　　谢谢大家！

　　此篇范例，竞聘的讲话者在阐述工作目标时，从制度、团队配合、样机管理、调研、业务培训等多个方面进行阐述，分别说出了在各个方面的目标。在工作设想方面，明确地提出了"协助各部门搞好店面销售，提高岗位执行力，高质量的做好计划、组织、领导、控制和管理工作；努力完善自我，提高工作能力；创新解决问题的方法，加强技术交流和对外协作；加强应用开发，利用先进的方法进行科学管理，提高管理成效"，可谓是细致而全面。

　　竞聘讲话为广大人才提供了一个充分展示自我，表现自我的舞台，愿广大竞职者能够克服演讲中的不良倾向，客观、公正地作好自我评价，科学合理、切合实际地阐明施政方案，向公众推销一个真实的自我，通过竞

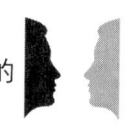

争找到适合自己的工作岗位。那么，在竞聘职位时，我们应该采取怎样的思路，才能细致而全面地把话说到位，赢得评委的认可呢？

首先，介绍自己的情况。在这部分，讲话者要利用简洁的语言介绍一下自己，这是应有的礼节，也是让评委或者上级了解自己情况的机会。但是关于自我介绍的部分，切忌长篇大论，简单介绍几句即可。

其次，具体阐述工作目标和设想。在第二部分，讲话者要着重讲述自己的工作目标和设想。当然，不同的工作性质决定了不同的工作目标，所以，讲话者需要灵活地调整自己的情况。在阐述目标和设想时，我们不妨像范例一样，逐条进行说明，让听众清楚明了地感受自己所说的内容。

最后，谦虚结尾，表希望。在最后的部分，讲话者可以谦虚地说一些"自己的目标和设想也许还不太成熟，希望领导和上级给予批评和指正"等类似的话语。

实事求是地说明情况

述职报告主要是指工作报告中的总结性报告，其目的是为了向上级报告实际的工作情况。现如今，述职报告不仅要以书面的形式呈现出来，还需要报告者陈述一遍，而这时候脱稿无疑是一个展示自己工作能力和态度的好机会。所以，要想获得上级的认可，就应该在述职报告中，实事求是地评价自己和工作，根据实际情况解决问题，这样的讲话自然会博得上级的赞赏。

要知道，凡是成功的知名人士，他们都懂得实事求是地作出述职报告，

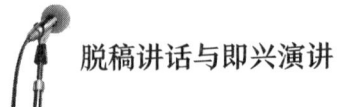

我们来看一下李开复向比尔·盖茨作的述职报告。

......

关于研究院的建设、发展以及未来的工作重点，我向比尔介绍了我们的6"P"策略。这6个"P"分别是研究人才(people)、合作项目(programs)、学术著作(publications)、发明专利(patents)、技术原型(prototypes)和技术转移(product impact)。

这6个"P"里，又以研究人才(people)最为重要。因为没有最优秀的人才，其他5个"P"根本无法谈及。而这一年来我们在这一方面取得的进展是我最引以为自豪的。我向比尔简要介绍了我们的人才策略和在这一年里我们所吸引到的国内外诸多优秀人才。介绍到李劲时，我出示了少年李劲和邓小平在一起的照片。当比尔得知当年的电脑娃娃如今已加盟微软中国研究院时，高兴地笑了起来。

比尔对这一节的介绍很感兴趣，在我已进入其他主题时，他还在认真地阅读我提供的有关人才方面的背景材料。我再一次深刻体会到比尔对人才的爱惜，这确实是微软成功的最主要因素。

在介绍过程中，比尔问道："尽管我们想从中国的大学招到最好的人才，但与各大学保持良好的关系对我们也同等重要。你们是怎样平衡两者间的关系的呢？"借此机会我向他介绍了我们与国内各高校和学术机构进行的有关合作。如软件捐赠计划、与国家自然科学基金委员会签订的联合基金协议、今年六月举行的"21世纪的计算"学术研讨会、访问研究员计划以及暑期短期学生实习计划等。（比尔认真地做着笔记）特别是在谈到与国家自

然科学基金委员会的合作时，负责微软研究院事务的副总裁雷斯特博士评论到，很遗憾其他国家没有像中国这样开明的基金委领导。我感到这是我们向比尔展示中国改革开放带来巨变的又一生动的例证。我告诉他，我们招收的人员绝大多数都很年轻，很有潜质，他们能够留在中国从事基础研究是大多数人都愿意看到的。我向他表明，我们从不主动到中国的高等学府或科研单位招聘资深人员，但如果有人主动来求职，我们一定会认真考虑每一份申请。比尔还详细地询问了人员招聘可能面临的其他问题，诸如户口等。我一面惊讶于比尔对中国的了解，一面告诉他，中国在过去的几年中发生了翻天覆地的变化。十几年前，人们想要换工作几乎是不可能的，但现在，改革开放已使人们能把个人的发展需求放在首位。

我告诉比尔，到目前为止，我们已经在国际一流刊物上发表了28篇论文，并将出版第一本微软中国研究院的论文集。在过去的半年中，我们在国际及本地学术会议上作了11个主题演讲，计划提交49项专利申请。比尔十分仔细地听着，并详细地做了笔记。

接着，我谈到了微软中国研究院非常独特的一个方面——技术原型。我向比尔阐述了其在基础研究中的诸多重要性。我认为技术原型能够帮助人们更好地了解我们的研究成果，使我们以更快的速度将前沿的高科技成果转化成为产品，造福普通百姓。这方面，微软中国研究院凌小宁博士带领的软件开发小组所从事的工作至关重要，他们的方法是，以 COM 架构为基础设计所有的技术原型。研究人员只需侧重于有关研究方面的各项问题，并用 COM 模块实现他们的研究算法。开发小组与研究员一起清晰地定义这些模块的 API，负责解决有关用户界面和系统方面的问题，并将有关的 COM 模块用系统的方法集成起来。这种方法的好处在于：

1. 它使研究人员只需做他们最擅长做的研究，而不是开发；

2. 它提供了清晰的 API，使不同的研究小组可以协同工作；

3. 它使未来的原型开发和产品转化变得更加容易。

比尔对这套方法很感兴趣，他把那张幻灯片拿出来放在自己一边，并特别做了笔记。与我的想法一致，他也认为我们应该让每一位研究员做他们最擅长的事。一些公司，包括一些在中国开设研究中心的外企，雇佣基础研究人员做产品开发。我认为这是非常不合适的。

最后，我谈到了微软中国研究院的研究方向：新一代多媒体、新一代用户界面和新一代信息处理技术。

在介绍多媒体的研究方向时，比尔问道："微软研究院已在音频技术方面取得了成功（MS Audio），以后在图像技术和其他多媒体技术方面可要靠你们了！"他特别询问了北京与美国雷德蒙研究院之间的协作和信息共享情况，并特别强调，美国总部应该充分利用北京研究院在多媒体人才方面的优势，主动去克服距离所造成的不便。他认为整个公司应该有一个总体地利用各种多媒体技术的规划，并希望北京能够以其在多媒体人才方面的优势，使公司在这个方面的研究能有所突破。

……

汇报接近尾声时，雷斯特博士向比尔询问我们是否应该在一小时末准时结束会议，比尔说："不，我还想听听。我还有45分钟。"我想我们一定占用了他的午餐时间！

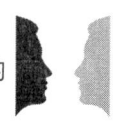

汇报结束时，他情不自禁地说道："Super Impressive!（太出色了！）"这句话无疑是对我们工作的最好总结和最大鼓励。在我离开会议室时，他亲切地问我："能够聘用那么多杰出的人才，并与他们一起工作一定是其乐无穷吧。"

从范例中可知，李开复在向比尔·盖茨作述职报告的时候，分别介绍了自己工作取得的成绩，所处的现状以及目前面临的问题，把中国的实际情况和微软的联系恰到好处地讲给比尔·盖茨听，并在结束的时候，受到了比尔·盖茨的强烈赞赏。

在述职报告中，我们需要构建怎样的思路去实事求是地说明工作的实际情况呢？

首先，充分说明自己在任期内的工作成绩和问题。工作成绩如何，是检验你称职与否的主要标志。述职人要充分认识这一点，实事求是地把自己的工作成绩和问题反映出来。工作成绩是工作能力、工作业绩的集中体现。肯定自己的成绩是应该的，然而做工作不可能没有缺点和问题。述职报告应坚持一分为二、实事求是的原则，成绩和不足都要讲出来，既要报喜，也要报忧。有的人写述职报告，只报喜不报忧，或多报喜少报忧。有的人大谈特谈成绩，一味地夸赞自己，对工作中存在的问题和不足视而不见，甚至有意加以掩饰，这就不是实事求是的态度，会让领导对你产生怀疑，影响以后的工作发展。

其次，实事求是地评价自己，不夸大，不缩小。对自己的评价要准确恰当，有分寸，不说过头话、大话、假话、套话、空话。

最后，简要地总结一下自己所陈述的内容。讲话者可以依据当时的情况作出灵活调整。

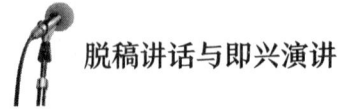

分层面述职工作

　　在述职报告中，述职者依据岗位规范和职责目标，对自己任期内的德、能、勤、绩等方面的情况，作自我评估、自我鉴定。述职人必须持严肃、认真、慎重的态度，既要对自己负责，也要对工作负责，对领导负责。对工作的走向，前因后果，要叙述清楚，评价得当；所叙述的事情，要概述，更要分层面讲述，让人一目了然，并从中引出自评。但要强调的是切忌浮泛地空谈，切勿引经据典地论证，定性分析必须在定量证明的基础上进行。而想要得到领导的赞赏，在作述职报告时采用脱稿的方式是个不错的选择。它可以体现出你对工作的熟悉程度以及责任心，比起照着报告念，更容易让领导相信你在工作中的认真态度。接下来，我们用一篇范例来说明如何分层面述职工作。

　　各位领导：

　　大家好！

　　本人于 2001 年大学毕业后，一直在市疾病预防控制中心从事地方病防治工作。2002 年本人取得执业医师资格，同年被聘为医师；2007 年取得中级职称资格。现将本人任职以来的工作情况总结如下：

　　在政治思想方面，我始终坚持党的路线、方针、政策，始终坚持全心全意为人民服务的主导思想，积极参加单位和科室组织的各项政治活动和政治学习，坚持读书看报，不断提高自己的政治理论水平。作为一名青年同志，我积极追求先进、要求进步，积极向党组织靠拢，并光荣地向党组织递交了"入党申请书"。

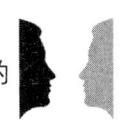

　　在职业道德方面，本人自觉遵守单位各项规章制度，勤奋工作，不迟到，不早退；尊重领导，团结同志；热爱自己的工作岗位，端正自己的职业操守，遵守医师的职业道德，全心全意为群众的健康服务。

　　在业务学习方面，我努力钻研业务，精益求精。随着社会经济的不断发展，人民群众对健康的要求不断提高；随着科学技术的不断进步，新的理论、技术、方法不断出现，我深刻意识到只有不断学习，充实自己，才能更好地胜任自己的工作岗位，不断迎接新挑战。因此，我积极参加各种学术交流、医学继续教育活动，以及利用报纸、杂志、书籍以及互联网等，不断提高自己的知识水平，拓展自己的视野，提高自己的业务素质，以适应时代的需求，为今后工作打下坚实的基础。

　　在日常工作岗位上，我认真做好本职工作，听从科长的安排，服从领导的调度，认真做好血吸虫病、碘缺乏病、疟疾、丝虫病等地方病防治工作，协助办理政府血防办事务。我工作积极主动，善于思考，不断进取，勇于创新，为防治工作献计献策。本人坚持工作在基层第一线，不怕苦、不怕累，全身心地投入到查灭螺、查治病、健康教育、防控急感、晚血救助等血吸虫病防治的基层工作中，全心全意为群众的健康服务。本人还一直负责血吸虫病信息资料的收集、整理、统计、上报等工作，协助科长制定工作计划、撰写工作总结。

　　今后，我将一如既往地努力奋斗在卫生防病第一线，为人民群众的健康服务。

　　谢谢大家。

在此篇范例中，讲话者从政治思想、职业道德、业务学习等方面，逐条地进行阐述，把自己在上一段时间工作中的情况进行了很好地总结，让听众清楚地了解到他所做的工作，这样分层面的述职值得我们在以后的讲话中学习。

那么，在述职报告中，我们需要组织怎样的脱稿思路才能使自己的讲话清楚明了呢？

首先，交代任职的自然情况。其包括任职时间和背景，以及期间的变动情况；岗位职责和每次的考核成绩及个人认识；对于自己任职期间的工作表现作出自我评估，确定述职范围和基调。这部分要讲得简明扼要，让听众对你有个大致了解即可。

其次，分层面讲述工作成果和问题。这是述职报告的中心内容，主要写成绩、做法、经验、体会或教训、问题。

最后，表决心。讲话者可以表示自己在今后的工作中会更加努力地工作，对已有成绩不骄不躁，对出现的问题吸取教训等等之类的话语。

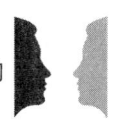

第十六章
论坛活动

当前经济形势活跃，各行各业连接紧密，国内国际各领域各专业的论坛也纷纷开设，各种论坛活动也纷纷举办。在论坛上需要发表讲话，更需要脱稿讲话，那么讲话者应该如何构思呢？

首先，点出论坛的主题。讲话者要在开头的时候，直接点出论坛讨论活动的主题，这样既可以节省时间，又可以快速把人们引入主题。

其次，讲述举办论坛的意义。这部分要着重讲述，每一次论坛活动的主题不同，其意义也不相同。讲述者要清楚地告诉在场的每一个人，召开这次论坛活动的意义。

最后，提出要求和希望。比如你可以这样说，"希望通过这次论坛活动，让更多的人关注我们所讨论的问题，并且以此为起点，让这样的活动继续发展下去……"

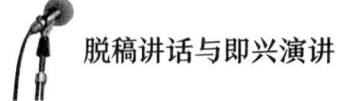

现挂法：正规场合轻松说

假如你被邀请参加某个论坛或活动，还需要在论坛上讲话，面对这样的情况，你要如何准备，怎样构思呢？特别是在一些正式的场合，又该如何表达呢？

其实，在论坛活动上的脱稿讲话并没有想象中那么难，只要你放平心态，轻松地讲出该说的话，也许就会获得意想不到的结果。那么，如何在正规场合轻松发言呢？范例中的讲话内容可以为大家解答这一问题。

同志们：

今天，我们在这里召开青年人才论坛主题活动会，这既是展示青年形象，激发大家智慧、共谋发展的一次大会，同时也是2006年青年人才论坛活动的总结会。此次青年人才论坛活动，得到了市委组织部、市人事局等单位领导的关心和大力支持。我提议，大家以热烈的掌声，向市人事局冉局长、市委组织部黄处长表示衷心的感谢！

从2006年3月下旬至今，县委组织部、县人事局、团县委三家主办单位及县委宣传部、县教委、县卫生局等承办单位从策划、宣传发动到组织实施等环节，做了大量工作，组织开展了网上论坛、征文比赛、青年教师课件制作比赛、青年辩论赛、护理技能比赛、普通话演讲比赛、人才交流会等活动。全县党政人才、专业技术人才、企业经营管理人才等社会各界人士共1万余人参与了本次论坛活动。市、县多家媒体对人才论坛活动作了连续报道，在全

县上下引起了强烈的反响，营造了倡导学习、拼搏进取、激励成长的良好氛围。向在本次论坛活动中获奖的单位及个人表示热烈的祝贺！

下面，我谈三点意见。

一、进一步总结经验，不断探索创新

本次论坛活动内容丰富，人才参与面广，县内绝大部分党政人才，部分专业技术人才、企业经营管理人才及农村实用人才参加了本次论坛活动。通过以上活动，充分展示了我县青年人才的风采，进一步激发了青年人才的潜能，调动了青年人才积极进取、开拓创新的热情。当然，人才论坛活动在我县举办尚属首次，处于探索阶段，今后将每年举办一次。我们要认真总结本次论坛活动的经验和不足，深入研究论坛组织形式、论坛机制创新等问题，将工作经验总结提炼成活动规律，将感性认识上升为理性认识，通过不断总结，创新改进，完善提高，进一步增强论坛的吸引力、影响力和生命力，真正把人才论坛活动打造成为发现优秀人才的赛场，广纳富民兴荣良策的平台，宣传×××对外开放形象的窗口。

二、进一步激励人才，加强论坛成果的转化

举办青年人才论坛，是实施"人才兴荣"战略的一件大事，是落实人才规划的具体步骤，是与时俱进、开拓创新的具体表现。各级、各部门要进一步统一思想，充分认识青年人才工作的重要性和紧迫性，对本次论坛中涌现出来的优秀青年人才，除了从物质上进行奖励外，还要采取一系列措施对论坛成果进行转化，调动各类人才的积极性……

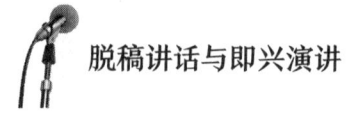

三、进一步加强学习，不断完善自己

人才，是当今世界科技创新、经济发展、社会进步的第一要素。到 2010 年，地区生产总值达到 110 亿元，年均增长速度达到 13%；工业增加值年均增长 20%，2010 年达到 47.8 亿元；地方财政收入年均增长 13% 以上，达到 4.07 亿元，并力争实现撤县建区目标。在座的青年才俊，来自不同的领域和不同的行业，你们在社会经济发展中是中坚力量，希望你们不断追求进步，超越自我，创造出新业绩，特别要不断增强学习能力、实践能力、创新能力，以自己的聪明才智，积极投身到社会经济事业的发展中，以自己的实际行动赢得群众的称赞和组织的认可。

谢谢大家！

此篇讲话范例，采用了一种脱稿讲话的技巧——"现挂法"，也就是把在现场听到的、看到的、感受到的作为自己讲话的材料，让听众感到非常新鲜，在好听好玩的同时，也表达出了讲话者的观点。这种幽默风趣的讲话方式，定会引来了观众的阵阵笑声。

通常，在正式的论坛上，我们应该如何构建思路来使自己的脱稿讲话既不枯燥乏味，又能阐发自己的观点呢？以下的思路仅供参考和借鉴：

首先，表示感谢。开场就表示感谢，要有礼貌地感谢主办单位的邀请，并且对于筹备的工作人员致以衷心的感谢。

其次，轻松而不失幽默地表达主题。一些人常常为怎样让自己的脱稿讲话有趣生动而煞费心思，其实他们不懂得灵活地变换，不善于观察。可以像范例中的讲话一样，利用现场的一切，把看到的、听到的、感受到的一并表达出来，但要充分利用自己的口才，否则，也不会产生预期

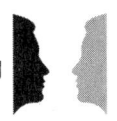

的效果。

最后，巧妙的结尾。讲话者可以在结尾的时候作出总结，可以加点笑料，可以提出希望和要求……不管是以哪一种方式结尾，只要是符合听众的心理即可。

紧紧围绕论坛主题展开

论坛上的脱稿讲话，语言组织、思路表达不是一成不变的，应根据不同的主题、自己的身份和讲话的目的，进行适当的调整。但是所有的论坛活动，都会有一个明确的主题。无论场合如何变换，讲话者只要记住紧紧围绕论坛主题，就不会出现大的偏离。我们来看一下 2009 年 11 月 19 日空间中心首届青年论坛学术报告会上的讲话，这次讲话就是紧紧围绕论坛主题展开的。

空间中心首届青年论坛学术报告会是我们中心青年科技工作者交流、锻炼、展示才华的一次大会，也是对我们中心青年人创新思想和创新精神的一次检验。我向获奖的报告人表示热烈的祝贺，同时也感谢报告会的组织者和众多青年科技工作者的参与。我相信青年论坛活动能越办越好，相信今后能有更多的青年学者参与进来，相信我们的青年人能不断进步，勇于开拓创新，取得更多有开创性的成果，为空间科学事业作出更大贡献。

借此机会，我谈几点想法，与大家共勉。

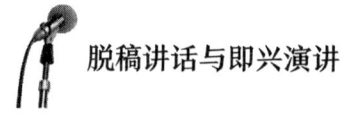

一、认清形势，力争科技"金牌"

改革开放以来，我们国家的各项事业迅猛发展。我们的经济实力不断提高，预计今年的 GDP 总量将超过日本，跃居世界第二位。体育方面我国更是取得骄人的成绩，奥运会上勇夺金牌第一。相比经济和体育，我国科技事业虽然有很大发展，但存在很大差距，还没有在世界上拿过"金牌"。前不久，国务委员刘延东同志在庆祝中科院建院 60 周年的讲话中，充分肯定了中科院建院 60 年以来作出的突出贡献，谈到了十个方面的突出成就，第一项就是"两弹一星"和载人航天与探月工程。但作为空间科学领域的科技工作者，我们必须清醒地看到，我们在空间科学领域的贡献更多地还是集中在"两弹一星"时期。

......

二、自主创新，敢于探索和突破

......

空间中心目前的科研工作多以承担工程型号任务为主，自主创新的科学研究和前瞻性课题相对较少。我们正在考虑在鼓励自主创新方面不断加大力度。回顾两年前，在中心前沿领域创新项目中，配套的项目仍占多数，今年开始不再主要支持配套项目，而是更多地支持具有原创想法的项目，目的在于鼓励更多创新想法的涌现。

三、铭记使命，为科学事业而奋斗

青年是自主创新的生力军，是我们科研的生力军，更是国家科技事业发展的未来和希望。空间中心广大青年应志存高远，不局限于完成当前各项工程型号任务，而应该勇于创新，力争取得

更多开创性的研究成果。借此机会，我对大家提出几点希望。

第一，青年要解放思想，锐意进取。作为青年科技工作者，首先应该思想活跃，朝气蓬勃，在提出新思想时，要勇于突破领导和导师已有的框框，要有敢想敢做的自由精神和创新活力。青年要敢于抒发己见，有创新意识，勇于提出自己的想法和问题，在探索中前进，在创新中发展。

第二，青年要不断学习，勤于思考。在日常学习和科研中，要多思考难点、窍门和方法，想别人没有想到的，甚至实现跨越。我们为什么在世界科技界拿不了"金牌"，关键是不敢想，更不用说去做。青年更应该打破传统，开拓思路，敢于探索和突破。举办青年论坛不是为了申请项目做准备，虽然今后有成为预研项目的可能，但最终目标还是为了激励青年要有新想法。

第三，青年要立足高远、思考未来。空间中心广大青年职工，是推动我国空间科学事业可持续发展的重要力量，要深刻认识到肩负的使命，针对自己承担的工作有所发明和创新。青年应在做好本职工作的基础上，不断努力，有所发现，有所创造，形成富有特色的原创研究成果，为推动我国空间科学事业的发展而努力奋斗。

这次学术报告会，部分人的报告让我印象深刻，我们就是需要这种敢于想的勇气和敢于开拓的精神。也有部分选手准备不是很充分，缺少新想法，更像是对自己或课题组的工作进行综述。这是第一次的尝试，相信今后会有更多的创新思想和成果不断涌现。空间中心今后会为青年人提供更开放的环境，营造更宽松的氛围，倡导创新精神，鼓励新思路，促进新成果。希望青年能积

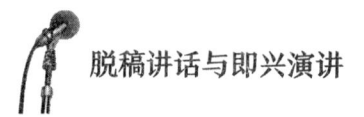

极进取、担当重任，成为空间中心乃至国家空间科学事业的栋梁之才，为科技创新作出更大的贡献！

此篇范例，从讲话的语言内容显然可以看出是现场发表的即席讲话。范例中讲话者没有出现思维混乱的情况，就是把眼前所看到的作为主线，站在自己的立场上，紧紧围绕论坛的主题，选出一个重要的关键点，由此展开述说。

一般在这样的场合下，我们需要构建怎样的思路来紧紧围绕主题展开演讲呢？我们不妨采用范例的讲话思路。

首先，由自己看到的引出主题，表示祝贺欢迎。讲话者可以把现场观察到的，选取合适的场景引入主题，这样会让在座的每一位听众感觉到你的诚意，不会认为你说空话或套话。

其次，围绕主题展开。讲话者在这一点上要集中论述，重点突出，观点鲜明。但是要注意的是，有些场合不宜把话题展开得太宽，因为太宽容易说散。

最后，提出希望。

就某一观点从两方面表述

在论坛活动上，每一位发言者都需要表达自己的观点。在阐述观点时，可以就某一观点从两方面进行辩证论述，这样一来，不仅使自己的观点显得不太偏激，还可以论述得比较深刻。范例是一位法律界领导应邀出席某论坛活动时发表的讲话，其篇幅虽然不长，却把要论证的观点表达得清楚明白，值得我们参考。

诸位好：

这本应是青年的讲坛，这当然属于青春的领地。然而我，一位执业已十八年的老律师却斗胆、冒昧地站到了这里。我敢于站到这里的唯一理由是——

我也曾年轻！

正因为我也曾年轻，我已有的阅历要让我说——在我们为权利而斗争的时候，面对社会不平之事，我们既要有拍案而起、仗义执言、慷慨陈词的豪气和激情，但更应有审慎处事、追求实效的智慧和理性。没有这样的激情，我们的执业活动就会失去正义和良知的动力，然而，激情失去了以理性为依托，就会成为恣意宣泄的汪洋。

激情因理性而厚重，理性因激情而生辉！正因为我也曾年轻，我已有的阅历还要让我说：青年律师是中国律师的未来；是构建和谐社会的生力军！和谐社会，一个时代的话题；和谐社会，为我们律师业带来了新的发展契机。

面对时代的呼唤，老夫聊发少年狂，欲与青春比高低！何以如此多情？因为我看到，尽管征途仍漫漫，险阻还重重，但我们的律师事业，我们的律师队伍，毕竟——花是正红，山已青！

谢谢。

此篇范例，讲话者主要谈论的主题是关于"激情"，语言组织紧紧围绕"激情因理性而生辉，理性因激情而生辉！"这一辩证观点展开论述，重点突出，集中地阐述了自己的想法。此外，这篇讲话范例简短有力，冲击力强，没有用过多的言语来展示自己，只是让听众清楚明了地感知自己的想法。

如果我们被邀请参加论坛活动，作为邀请嘉宾，需要我们简单地发表一下自己的看法和观点。在这样的情况下，我们该如何构思脱稿讲话思路呢？

首先，提出自己的观点和看法。讲话者开始的时候不要拐弯抹角地说，可以先捎带一下前面人的观点，注意在谈及个人观点时，不要太偏激，不要怀有个人色彩。你可以这样说，"前面所讲已经很精彩了，就某一问题已经做出了深入的阐述，下面我来讲一下我的看法……"当然，方式多种多样，只要表达这样的意思即可。

其次，就某一观点进行阐述。在这部分，讲话者可以从两个方面进行论述，可以像范例一样，从辩证统一的关系方向，还可以从正反两个方面进行论述。这样一来，不但使自己的讲话内容丰富，而且也会更加深刻。

最后，简要总结。在结尾时，讲话者只要简短有力地表达自己的观点即可，不需要用重复的话语把之前的理论再阐述一遍。

第十七章
工作汇报

在实际工作中，下级公务人员向上级领导汇报工作是常有的事情，而且汇报的场合、方式多种多样，因此，汇报材料也就有多种类型。本文所说的汇报材料，主要指一个地区、部门、单位负责人在会议上或其他比较正规的场合，向上级领导或本级职工代表大会所作综合性较强的工作汇报的文稿。汇报人员不仅需要做好书面的报告，还需要做好口头汇报，也就是脱稿汇报。

在通常的情况下，汇报者应该怎样构思向上级汇报工作呢？

第一步：确定需要汇报的重点事项。虽然完成了多项任务，但切记不要将所有内容都滔滔不绝地讲出来。按照"三长两短"（先讲三方面的成绩，再讲两方面的缺点）的方式展开的汇报并不是好的工作汇报。

第二步：客观、准确地将所做事项的结果阐述清楚，并对其影响程度和意义进行适当展开，特别要强调上级关注的那些方面。

第三步：简明扼要地给出导致该结果的原因和事实。要注意的是，既要有客观原因，也要有主观原因，给出最重要的一两条原因即可。

第四步：提出将来遇到类似情况该如何做的两三个方法。

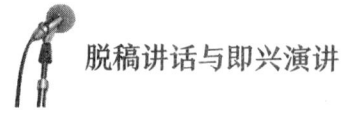

条理分明，逻辑清楚

　　汇报工作是向上级领导反映情况，求得指导和帮助的重要方法，也是展示本单位成绩、个人工作能力和水平的重要机会。汇报工作做得好，领导自然就会满意，将会对你或你单位的工作给予肯定，或对你提出的问题引起应有的重视，进而使你能够从中受到鼓舞，增强进一步做好工作、战胜困难的信心。汇报工作做得不好，将留下不可弥补的遗憾。因此，汇报工作也是一门艺术，在脱稿汇报的时候，要做到条理分明、逻辑清楚，只有这样，才能让领导或者上级清楚你的工作情况。范例中的讲话是某领导的移民扶贫工作汇报，其内容条理分明、逻辑清楚，可以作为同类发言的参考。

　　各位领导：

　　移民扶贫工作是我乡最重要的工作之一，今年的移民扶贫工作在县委、县政府的正确领导和县扶贫办等有关部门的关心支持下，进展顺利。今年，县下达我乡的任务数是380人，是我乡三年来移民人数最多、搬迁力度最大的一年，也是难度最大的一年。XX年是309人，XX年是120人，加上今年的移民，将近有五分之一的人口实现移民扶贫搬迁，极大改善了广大群众生产生活条件。现将我乡移民扶贫工作情况简要汇报如下。

　　一是精心组织，深入调查到户。年初，我们成立了乡移民扶贫工作领导小组，分别与各村签订了工作责任状，制定了奖惩措施，落实了责任，调动了积极性，并深入农户，掌握了第一手资料，使移民工作立足于早。

二是大力宣传，政策落实到位。我们充分利用我乡的广播、黑板报、标语等工具大力宣传移民扶贫政策，并召开移民搬迁动员大会，大造舆论声势，形成一股移民热潮，报名移民户的有94户447人，报名县翔云社区的有15户61人，使移民工作行动于快。

三是认真研究，选准安置地点。经过三次党政班子会议认真讨论研究，确定将今年移民集中安置点选择在自然条件相对较好、交通便利的圩镇、梅竹村、桥头村三处，其中圩镇点计划安置50户，梅竹计划安置10户，桥头计划安置19户，三处共征用土地25亩，山场10亩。在3月份，我们就完成了土地征用工作。

四是妥善安排，关心移民生活。按照"搬得出、稳得住、能致富"的移民工作目标，我们将关心移民生产生活作为一项重要工作来抓，专门落实了工作组责任，纳入年度目标考核，并落实了12户移民户作为科级领导"1+2"帮扶户，经常关心、帮助移民，使移民工作情系于民。

在取得成绩的同时，我们也面临许多困难。一是移民区配套设施建设还需改善，建设工程资金缺口大。二是我乡无一块面积较大平地，平整土地工程量很大，需搬运土石方2.8万方，浆砌挡土墙护坡1000方，总投资需要59万多元，供电、移动、电信杆线搬迁量多，给工程施工带来很大困难，特别是近期正值多雨季节，挖机、车辆无法正常作业，影响了工程进度。

我们坚信，有上级党政部门的支持和帮助，虽然我们面临重重困难，但我们一定会迎难而上、奋勇拼搏、开拓进取，保证按期完成移民搬迁任务，请领导放心。

此篇范例，条理清晰地阐述移民扶贫工作的展开进行过程，四点内容之间层层递进，逻辑清楚，让领导知道了工作现有的成绩。接着又逐条分析了工作过程中遇到的困难，让领导可以有针对性地安排解决措施。最后表态，展现了对工作的认真负责，想必也会得到在场领导的认可。

在工作汇报中，我们需要构建怎样的思路让脱稿汇报做得精彩，进而得到上级或者领导的认可和欣赏呢？

首先，讲述基本情况。工作汇报必须要讲述情况，有的比较简单，有的比较详细。这部分内容主要是对工作的主客观条件、有利和不利条件以及工作的环境和基础等进行分析。

其次，成绩和缺点。这是汇报的中心。脱稿汇报的目的就是要肯定成绩，找出缺点。成绩有哪些，有多大，表现在哪些方面，是怎样取得的；缺点有多少，表现在哪些方面，是什么性质的，怎样产生的，这些都应讲清楚。

再次，经验和教训。做过一件事，总会有经验和教训。为便于今后的工作开展，须对以往的工作经验和教训进行分析、研究、概括、集中，并上升到理论的高度来认识。

最后，今后的打算。根据今后的工作任务和要求，吸取前一时期工作的经验和教训，明确努力方向，提出改进措施，等等。

解决问题，注重方法

汇报工作最重要的是提出解决问题的方案而不是简单地提出问题。要记住，汇报问题的实质是求得领导对你的方案的批准，而不是问你的上司

如何解决这个问题，否则，事事上司拿主意，要下属还有什么意义呢？

我们去找领导汇报工作时要准备多套方案，并对它的利弊了然于胸，必要时向领导阐述清楚，并提出自己的主张，然后争取领导批准你的主张，这是汇报的最标准版本。如果你能总是这样汇报工作，相信你离获得晋升已经不远了。范例是某教学主任在教学常规工作检查汇报会上的讲话，这篇讲话主要表达了解决问题的具体方法，对于听众来说，是很实用的。

各位领导，各位老师：

大家好！本次教学常规检查，对于各位教师的工作作了一个评估，其中有表现优秀的，也有还欠缺锻炼的，下面我将本次检查情况作一个简单的分析。

一、教学计划

本次检查中，大部分教师的计划还是用备课本上的计划表来应付，没有按教学常规的要求来认真地写。另外，班主任一定要制订详细的班级工作计划，使自己对本期各项工作做到"胸中有一盘棋"，避免盲目性和随意性。这里，我建议各校在开学后两周内要求教师将计划写好，上交一份学校存档，督促其认真制订计划。中小本部不仅语文、数学、班主任计划要交，其他学科包括常识、艺体、英语的计划也要上交归档，每份计划上要注明班级、教师姓名、时间等。

二、备课

这次检查发现大部分教师都能认真备课，书写较规范，教学环节齐全，教学过程比较翔实，教学方法的设计及教学手段的运用能体现新的理念，撰写的教学反思比以前有所提高，能对自己的教学手段、方式、方法进行解剖。但也有个别教师的备课过于简单，纯是应付检查，教学反思质量不高，书写较潦草。以后在检查中出现这样的备课，至少要扣5分，决不能备好备坏一个样。

三、作业

本次检查发现每位教师做得最真实最认真的就是作业，大部分教师作业设置适量、适度，均能及时批改，多数学生书写认真，格式规范。但也存在一些问题，有些学生的错题没有及时改正，少数学生书写有待提高，还有教师作业批改没写日期。对于作业的设置和批改我也提几点建议。

1. 每位教师最好要有作业设计本和批改记录本，记录学生作业中的错误做法及纠正措施，程营的陈玉兰老师就是这样做的。

2. 批改作业不要用一个大钩，应该给每一道小题目都要打上一个钩，这样才能体现精批细改。学生作业可圈可点之处绝不要吝啬笔墨，借助问号、下划线等方式让学生知道他的错误与不足之处，以便学生加以改进。

3. 对作业的评价最好不要用分数，要写出批语式鼓励性的语言或符号，如甲、乙、丙、a、b、c等，最好是"八仙过海，各显神通"。作为学生及家长，最希望看到的是教师的评价，一句关心的话语，一句善意的批评都能拉近师生间的距离。

4. 作业的设置比较单一。数学可以设置一个口算本，每天或每周出10—30道口算题训练学生的基本功；语文可以设置一个听写本，每天上课前听写几个生字或词语等。语文作业低年级应有专门的拼音本、生字本，高年级有习作本，为提高学生写作水平，还可设周记本、积累本等。

四、单元检测

从每位教师的试卷分析可以看出，教研室的试卷大部分质量还是比较高的，检测题目难易程度适中。但同样也存在一些问题，从试卷中可以看出，有些教师对所任学科的教材整体把握不够，缺乏系统性教学，知识面窄，不能最大限度地满足学生对知识的需求，对教材中综合性的知识教学不太适应，因此这类题目学生失分较多。

建议：

1.教师要与学生家长多沟通，要取得家长的配合与支持。

2.要注重培养学生良好的学习习惯。

3.要改进课堂教学，让学生来教学生，提高课堂教学效益。

4.平时要重视双基训练。

5.语文学科要加大课外阅读量，要让写作教学生活化。

五、听课

这项检查中听课节数都能达标，但听课笔记明显看得出是应付检查的，有的连上课教师的年级、姓名都没填，教学过程记录简单，教学评价及建议较少。

其实，听课、评课是一种非常好的教研方式，是提升教师教学水平的一个重要方法。因此，各校教导处每学期都要开展几次备课、听课活动，让教师真实地记录听课过程中的所思所想，然后在评课时相互交流，从而在点滴间提高教师的教学水平。

六、辅导

从这次的检查情况看，大部分教师都扣了分，这说明我们教师对课后辅导还不够重视，对课后辅导的意义不甚了解。课后辅导的内容主要是解答疑难、补差，扩展提高。做好补差工作，就要分析学生成绩差的原因，是知识，是方法，还是能力缺陷等？在课后辅导中也应该做好记录，记录在辅导过程中了解的学生情况，解决的方法。

谢谢大家！祝大家身体健康，工作顺利，万事如意！

此篇范例中，汇报人员着重地分析了这次教学常规检查中出现的问题和解决方法，将整个教学工作分成六个点来分别说明。其中具体解决方法也一一对应，分条列出，针对性比较强，也让听众理解起来更容易，为以后的教学工作指明了方向。这也是所有人最想听到的内容，如果只是指出问题，某些老师可能就会对这次讲话失去兴趣，因为他们作为参与者，肯定明白自己的弱势是什么，他们最想知道的就是怎样去克服。这次讲话中的那些建议正迎合了他们的要求。

那么，在汇报工作时，我们需要怎样去构建脱稿讲话思路呢？

首先，讲出汇报的目的。汇报者事先一定要想好：这次汇报应该达到什么目的。这是一个带有根本性、方向性的问题，也是要汇报的主题思想。可以说，这个问题解决好了，你的汇报就成功了一大半。有的同志之所以汇报得不大成功，关键就是目的性不明确，准备的材料零乱无章，让人不知道讲的是什么。要把此次汇报放在一个较大的背景下进行分析，比如为什么在这个时候领导要听汇报，要听的内容与当前中心工作的关系是什么，要听汇报的领导平时的习惯是什么，这一系列问题都要琢磨透彻。

其次，突出重点。汇报者根据汇报目的和领导的要求，选择重点内容，并找准切入点。一般来说，选择重点要从三个方面考虑：一是领导最想听、最关心的东西，或者说领导想强调的事，这些你已经做到位了，领导想说

的话你说出来了。二是自己认为最能表现成绩的事迹，或者说最出色的工作。三是有自己特点的东西。如果说汇报的目的是"主线"，那么汇报的重点就是"主干"。

此外需要注意的是，在汇报工作的时候，汇报者不要说一些空话，要严格把握，充分利用有效时间把该汇报的内容都说出来。汇报者要尽量做到每句话都有分量，繁简适度，表达得体，既不超时，也不浪费机会，让人听后有一种新鲜感和透亮感。

现有情况如实汇报

在汇报会议上，作为汇报者，不应该有欺瞒心理，即使你侥幸瞒过一次，但总有一天上级会弄清真实情况，你因此会受到一定处罚。与其这样，还不如在汇报工作时，把真实的情况表达出来，让上级充分地认识到实际情况，进而及时采取措施。也许你不但不会被挨骂，反而还会得到上级的赏识。因此，我们在脱稿汇报工作时，要如实地报告实际情况。范例中的征兵汇报就是以反映真实情况为主。

尊敬的首长、各位领导：

今天能够到我镇检查指导工作，我们对此表示热烈的欢迎和衷心的感谢！为了保质保量地完成好今冬征兵工作任务，XX党委政府将征兵工作作为一项重点工作来抓，根据市、县征兵会议精神，经镇征兵领导小组研究决定，结合我镇实际，XX严格按照上级的部署和要求，加强组织领导，采取有力措施，扎实开展工作。目前，征兵工作已全面展开。现汇报如下：

一是早动员、早宣传，深入摸底。镇党委、政府针对新形势下征兵工作出现的新情况和新问题，要求各社区、各村要把征兵宣传工作作为完成今冬征兵任务的重点工作来抓，要在"早"字上下工夫，打好"主动仗"。充分利用有线广播、黑板报、横幅标语、各种会议等多种渠道和时机有效地开展好全民国防教育，宣传《国防法》《兵役法》《民兵法》和《征兵工作条例》，以及一系列优惠政策。充分调动适龄青年的参军积极性，并协调工作人员深入各社区、村进行前期宣传和调查摸底工作，按照优中选优的原则确定文化素质高、身体条件好的适龄青年为预征对象，为确保新兵质量奠定了坚实的基础。

二是健全组织，强化领导。针对兵役登记工作，一开始镇党委、政府召开了2次专题会议。9月16日下午召开了由书记、镇长、主管副书记、武装干事参加的专题会议。会上，分析了今年征兵工作的新形式和新特点，对今冬征兵工作进行了部署。镇党委卢书记就征兵工作提出了四点要求。

要加大宣传力度，激发适龄青年参军入伍的热情，为征兵工作创造良好的社会环境。

要加强组织领导，切实做好征兵协调保障工作，保证征兵工作顺利进行。

要采取有力措施，严格执行征兵政策规定，落实岗位责任制，廉洁征兵。

在完成征兵任务的同时，应加强兵源质量，确保将最优秀的

青年送到部队。会上成立了征兵工作领导小组，镇长任组长、党委副书记任副组长、武装部长任征兵办公室主任，负责具体工作。9月19日利用干部晨会，对征兵工作做了具体安排。镇长在会上就征兵工作做了强调，要求相关部门、社区和村充分认清形势，增强责任感和使命感，努力做好征兵工作，并制定下发了《关于认真做好2011年度冬季征兵工作的通知》，确保辖区内的适龄青年踊跃应征。

三是加强宣传，广泛发动。在充分利用广播、标语等多种形式对《征兵工作条例》《兵役法》进行广泛宣传的同时，组织人员深入开展国防教育宣传活动，营造了"一人当兵，全家光荣"的浓厚氛围。截至目前，全镇共张贴标语80余条，制作横幅标语13条，发放宣传资料200余份。

四是严把初审关，确保今年兵员质量。镇设立征兵办公室。严把初审关，对预征对象的身高、体重、毕业证等信息进行了初审，已有30位青年初审完毕。

当前征兵工作中主要存在的问题和不足：

一是适龄青年选择就学和外出务工人员增多，可征兵员减少。随着高校持续扩招和社会多层次办学，山区脱贫致富步伐缓慢，加之市场经济利益驱动，且外出务工人员返乡参加体检的路费较高，未能入伍后的复工等问题不易解决，使征兵难度明显增大。

二是征兵宣传内容老套，形式单一，难以有效激发适龄青年及家长的应征热情。目前，多年来形成征兵宣传停留在张贴标语、广播等传统模式和做法，形式单一，内容陈旧。没有鲜明的时代特色，难以针对适龄青年及家长的思想实际，有针对性地做好一

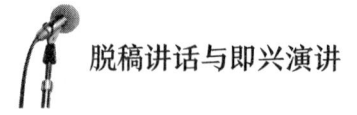

人一事、一家一户的宣传发动工作。

　　三是无法落实拒服兵役政策。目前《兵役法》《征兵工作条例》中的条款在乡镇缺乏可操作性，对应服兵役青年，缺少了应有的威慑力和约束力。

　　以上汇报如有不妥，请领导批评指正。

　　此篇范例，讲话者如实地把现有的工作状况和出现的问题，一一向上级做了汇报。在讲述实际情况时，逐条进行说明，这让上级非常清楚地了解每一项工作的进展状况，做到心中有数。如实的汇报，为我们日后的脱稿汇报提供了参考方向。

　　在一般的汇报上，我们需要怎样构思思路才能把工作做好，并且得到上级赏识和认可呢？

　　首先，直接讲述工作的基本情况。上级不允许你浪费太多的时间，汇报者在开始时，不要说一些废话，应该直接进入状态，开始总结自己的工作情况。这样就不会浪费太多的时间，效率自然也就提高了。

　　其次，提出存在的问题，并逐条进行说明。上级在关注取得成绩的同时，更加注重出现的问题。只有把这些问题解决了，才能让工作更好地开展下去。所以，讲话者一定要在汇报工作时，说清楚遇到的问题，让上级做到心中有数。

　　最后，请领导批评指正。结尾一般都会说出类似的结束语，比如"以上就是这次汇报的基本情况，希望领导给予批评指正"之类的话语。

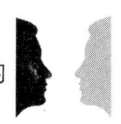

第十八章
讨论座谈

座谈会是有关单位调查研究，了解情况经常使用的一种方法。座谈会能否取得预期的效果，关键取决于座谈者是否密切地配合。可以毫不夸张地说，座谈会不仅是对座谈者口才能力的检验，而且也是衡量座谈者学识水平、逻辑思维和临场发挥等多种能力的综合测量。

在生活和工作中，参加讨论座谈的机会是很多的。在讨论座谈会上，听众最不愿意听的就是套话、空话以及啰唆的话，愿意听的是言之有物、观点鲜明、简洁明了的话。作为讲话者本身，也想说让听众想听的话，那么需要怎样进行构思呢？一般的思路和框架大致如下：

首先，提出观点。在座谈会上，讲话者就座谈会讨论的主题发表自己的观点，阐述自己的看法。这部分值得注意的是，要准确地提出自己的观点，不要铺垫太多。

其次，重点论述。讲话者要就某一个自己的观点进行着重论述，利用一些事实和论据证明自己的观点和看法。

最后，总结自己的观点。讲话者在作出总结的时候，一定要做到简要陈述，清楚明了。

重点突出，讲话不散

在座谈会上，我们常会发现，一些人常会东扯西拉，杂乱无章，人云亦云，完全没有自己的想法和主张，甚至有些人还常说一些空话、套话，说出的话没有任何价值，这就在很大程度上影响了座谈会的效果。因此，我们要避免上述情况的发生，就需要在讲话的时候，突出重点，集中论述，这样才能取得预期的效果。我们通过一篇某党员在"学习党的十八大报告"讨论座谈会上的讲话范例，来说明如何做到重点突出。

同志们：

经市局党组研究，今天召开全市地税系统思想政治工作座谈会。会议的主要任务是，传达全省地税系统思想政治工作座谈会精神，总结交流近年来全市地税系统思想政治工作经验，研究部署今后一段时期的思想政治工作任务，不断推动地税事业又好又快发展。下面，我讲几点意见。

一是全面加强干部思想建设，以理论教育激人心。从改造干部职工思想入手，在理论教育方面下工夫，求实效。认真开展保持共产党员先进性教育活动，培养党员干部坚定的理想信念、高尚的思想品德、务实的工作作风、清廉的个人操守。深入开展学习实践科学发展观活动，充分激发了干部群众解放思想、加快发展的原动力。

……

二是切实加强领导班子建设，以率先垂范赢人心。我们按照

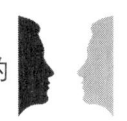

改革创新、清正廉洁，富有活力、团结和谐的要求，建设高素质的领导班子。建设各级学习型领导班子，紧扣全市经济社会发展思路，大力开展调查研究和工作创新，定期组织巡回，提升了各级领导干部勇于破解难题、善于抓好落实的能力；认真贯彻民主集中制原则，推进决策的科学化和民主化，不断增强班子合力，充分发挥班子核心作用。

　　……

　　三是不断加强制度体系建设，以人为本聚人心。教育是先导，制度是保证。我们先后制定了《思想政治工作实施办法》等一系列制度办法，建立了推进思想政治工作的长效机制；落实领导包片挂点制度；广泛开展"领导帮干部、先进帮落后、党员帮群众"思想结对帮扶互助活动，落实帮教对象，明确帮教责任，形成帮教网络，把干部的思想问题解决在基层，矛盾化解在基层。

　　……

　　四是加强地税文化建设，以文化熏陶润人心。加强地税文化建设是推进思想政治工作的有效途径。我们以构建"和谐地税"为目标，以地税文化建设和文明创建为载体，着力构建和谐的领导班子、和谐的干群关系以及和谐的创业环境，全面实施了"楼、洲、带、园"地税文化建设工程，打造了市局规范"三个系统"、县局搭建"十个平台"、分局培育"六小文化"的地税文化立体景观，着力营造关心人、尊重人、发展人的文化氛围。

此篇范例，讲话者切入很具体，通过座谈会的主要精神进而进入主题，阐述怎样推动税事业又好又快的发展，提出了自己的几点意见，并且做到重点突出。这样的方式值得我们学习参考。

在座谈会上，我们通常需要构建怎样的思路来做好脱稿讲话呢？以下的思路和框架仅供参考。

首先，简要总结前人发言，提出自己的观点。讲话者这部分要注意，对于别人的观点不要偏激地讲述，而是要客观地陈述。讲话者要着重强调自己的观点和新发现。

其次，重点论述。对于自己的讲话部分，肯定有重点，这时候就需要把重点突出，逐条列出并对其进行讲述。如果你不知如何下手的话，不妨参考一下范例内容，在阐述经济增长目标的具体变化的时候，分了三条进行说明，这样就会让听众听明白。

最后，提出希望，展望未来。讲话进行到最后，要就自己的观点提出希望，并且对未来作出展望。采取这样的结尾是为了让其他座谈者更加清楚自己的看法，明确其可行性。

分层论述，拿事实说话

在座谈会上，假如你是某方面的资深人士，就要比一般人谈得更加深刻，更加深入。而要做到这一点，又要让听众能轻易听懂你的观点，以事实为依据就是最好的论证方法，期间也可以分层论述，让听众有个接收的过程。下面以某女职工代表在座谈会上的发言为例，看一下分层论述的讲话形式。

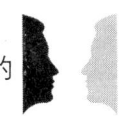

尊敬的各位领导、姐妹们：

……

今天这个座谈会，我觉得形式非常好，既给大家提供了一个相互交流的平台，也给大家和局领导面对面沟通的机会。我作为一名从基层单位刚到局机关工作的女干部，无论是资历、阅历、能力还是业绩，都没有什么可圈可点之处，还需要不断向大家学习。在此，我只想借这个难得的机会，说说自己的成长经历和体会，乃至困惑，与大家交流共勉。

其一，经历是最宝贵的人生财富。我觉得一个人的经历应该是这个人成长的最大财富。我的工作经历相对于在座的领导来说不算丰富，它既让我饱尝了酸甜苦辣，更给了我无数的磨炼和启迪，这些都是我一生都用之不尽的宝贵财富。一分耕耘，一分收获，有付出才会有回报。在每个工作岗位上都要踏踏实实、勤奋努力，才能走向成功。

其二，挫折是最难得的人生际遇。正是这段时期，不仅迫使我静下心来反省自己，发现和改进了许多不足，更重要的是使我拥有了一颗平常心，能坦然地面对个人的进退得失，排除干扰，集中精力干好工作，做到不留遗憾，无愧于心。

其三，心态是最重要的人生功课。态度决定一切。人生不可能一成不变，一帆风顺。因此，适时调整心态就是至关重要的功课。如果说这些年来我真有什么经验可交流的话，就是始终保持良好的心态，保持积极向上的动力。走上领导岗位后，我始终坚持高调做事，低调做人的原则，对待同级虚心学习，吸收他人之长；对待下级关心爱护，既严格要求也真诚体谅，用自己对事业的激情去感染他们，激励他们向着共同的目标努力。

在自己的努力和大家的帮助下，我也取得了不少成绩，获得了一些荣誉。我的内心充满感激，感谢局领导多年来对我的培养和鼓励；感谢五队班子成员对我的关心和爱护；感谢广大职工对我的支持和帮助。今后的人生我还会经历更多的考验，更多的磨难，但我会始终直面困难，笑对人生。

当前，如何抓住机遇，应对挑战，为我局可持续发展发挥好我们女职工的作用，我谈几点个人意见。

第一，我们要加倍地自信。自知者明，自信者强。自信是女性走向成功的精神力量。希望广大女同胞要进一步增强主人翁意识，积极投身到我局各项工作中去，切实发挥"半边天"的作用。

第二，我们要加倍地聪慧好学。时代的发展需要富有知识和智慧的女性。21世纪是以创新为主导的世纪，我们女同胞更要弘扬善于学习、崇尚知识的优良传统，树立终身学习的新理念，不断提升个人知识素养，增强创新意识，培养创新精神，提高创新能力，不断提高学习和掌握运用现代科学技术的能力，练就过硬的本领，努力成长为一专多能的知识型员工，做一个自尊自信自立自强的新型女性。

第三，我们要加倍地热爱生活。女性是生命的直接创造者和养育者，妇女是家庭生活的重要组织者。热爱家庭、热爱生活是女性的优良美德。女性在建立科学文明的生活方式，营造民主、和谐、温馨的家庭人际关系，教育子女健康成长，优化家庭教育环境等方面发挥着不可替代的特殊作用。希望我们女同胞能从自身做起，从点滴事情做起，大力弘扬社会新风，成为社会公德、

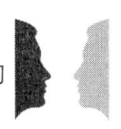

职业道德、家庭美德的宣传者、实践者，也希望男同胞们在家里要关爱、呵护自己的母亲、妻子、女儿，在单位要关心、尊重、帮助女干部。

最后，我希望所有的女人都能成为"三丽女人"，即有美丽，有能力，有魅力！也希望大家在以后的岁月里，更加努力地工作，用我们的双手和智慧再创佳绩，再立新功！

谢谢大家！

此篇范例，讲话者分层论述了自己取得的成绩以及在今后的日子中需要在哪些方面作出努力，在论述的过程中是以事实为根据，清楚明了地阐述了自己的想法和观点。

那么，在一般的座谈会上，我们需要构建怎样的思路才能让脱稿讲话更精彩呢？

首先，根据"会旨"选好发言题。一般说来，座谈开始时，主持人总要交代座谈的意图，明确座谈的内容和要求。讲话者要在这里就要构思好发言题，在头脑中构思自己的想法和观点，确保想好自己要表达的内容。

其次，提出新颖出奇的观点。讲话者可以选择一种独特的视角，另辟新径，发表自己独特的见解，或者是通过别人的观点进行补充以显示新意。比如说，当对别人的发言感到意犹未尽时，讲话者可以根据自己掌握的新情况，适当地进行补充。此外，讲话者还可以通过对他人的发言进行引申，以此来揭示新意。总之，讲话者要时刻注意现场座谈讲话的内容，及时捕捉新意和亮点。

最后，简要结尾，干脆有力。根据座谈会的性质和特点，讲话者作出简要总结，并且有力地把话说到位，切记不要拖泥带水。我们常会发现，有些人在座谈会上发言，总是忘不了说上几句诸如"对于这个问题还没有很好地考虑，把自己的想法和情况说出来，权作抛砖引玉，不当之处请领导和同事批评指正"之类的客套话，其实，这远不如"我对这个问题是这样看的""我想对 xx 同志进行几点补充"等等表述来得干脆、洒脱。所以，在结尾的时候这需要特别注意。

整体构思要完整清晰

作为对某一话题或者是专题的讨论，讲话者要构建完整清晰的思路，要把每一个环节都做到周到而全面。只有这样，才能让听众清楚地了解你要表达的想法。也正因为如此，脱稿讲话才能讲得更加精彩。这是 2007 年 3 月 17 日马化腾在网络与知识产权刑法保护研讨会上的讲话，我们一起来体会一下其完整而清晰的整体构思。

尊敬的各位领导、嘉宾、朋友们：

大家好！

很荣幸可以参加这个研讨会，与各位来宾一起讨论网络与知识产权的刑事法律保护问题。腾讯作为中国领先的互联网企业，近年来，深刻地感受到了互联网产业在我国得到蓬勃发展。根据中国互联网络信息中心最新发布的"第十九次中国互联网络发展状况统计报告"，截至去年年底，我国网民总人数为 1.37 亿，其中宽带上网人数达到 6430 万；网民总人数和宽带上网人数均位居

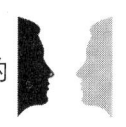

世界第二。这表明中国正在进入一个"高速"的网络应用时代，并在全球互联网产业中占有越来越重要的地位。

但与此同时，计算机及网络领域的新型犯罪也接踵而来。在我们所接触到的一些网络犯罪行为，多以窃取用户"互联网服务使用账号"等手段来达到侵权目的，这些行为扰乱了正常的网络秩序，给广大人民群众的现实生活带来诸多负面影响。然而，我们却明显地感受到这类违法犯罪频繁发生却难以控制，除了该类行为具有隐蔽性强等特征之外，还有社会环境、法律体系、技术、管理、教育等多方面的原因。例如，当前的法律对许多网络不法行为还难以定罪或者量刑过轻，起不到应有的惩戒与震慑作用。同时，网络道德标准没有确立，缺乏正确的教育引导，一些实施网络侵权行为的不法分子，如黑客、病毒制作者等反而被当成"技术天才"，使我们的社会评价体系发生了不应有的倾斜。

网络的违法犯罪行为给和谐社会、和谐网络的建设带来了严峻挑战。充分运用法律手段，加强网络管理，有效维护网络秩序已是刻不容缓。2007年1月8日，为了遏制网络盗窃行为，腾讯联合网易、金山、盛大、九城等五家知名的网络服务商提出了成立"反网络盗窃联盟"，希望借此打击网络盗窃，维护用户网络财产的安全。未来，腾讯也希望与各方一起以积极的态度、创新的精神，同网络盗窃行为作坚决的斗争，把互联网建设好，利用好，管理好。

今天，我非常高兴与大家聚集在此，共同探讨网络与知识产权刑事法律保护这么一个有着重要实践意义的话题。我预祝研讨会取得圆满成功，希望我国网络与知识产权刑事保护的研究和实

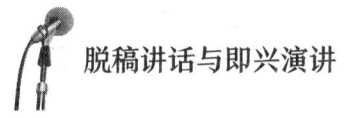

践取得更大进步。

  谢谢!

  此篇范例思路清晰，条理顺畅，把讨论的主题清楚明了地阐述出来，让人们深刻地认识到，网络的知识产权已被严重侵犯，呼吁在场人士一起同网络盗窃的行为作斗争，建立新型的互联网运营环境。

  在座谈会上，我们如何构思具体的思路以使脱稿讲话思路更加清晰、顺畅呢?

  首先，指出与讨论主题相关的现实问题。换句话说，就是让讲话者列举一些现象，指出目前存在的问题。讲话者可以在这部分多举一些事例来说明这些现象，以此来证明问题存在的正确性。

  其次，阐述问题的危害。在这部分，讲话者不要夸大其词，也不要缩小危害，要中肯地客观评价，给人们的生活造成了哪些不良影响，如果不遏制的话，就会遭受哪些更严重的影响，等等。讲述这部分的目的是为了让听众重视问题。

  最后，呼吁全场人员一起行动。讲话结尾时，如果没有想出具体的解决办法或者是暂时找不到问题的突破口，就需要呼吁所有人一起为解决问题而行动。此外，讲话人还可以表示希望越来越多的人重视这个问题。

附

TED 演讲的秘密：18 分钟改变世界

你需要知道的 TED 常识

你知道 TED 吗？

TED 是技术（Technology）、娱乐（Entertainment）和设计（Design）三个英文单词的首字母缩写。它是一个非营利性的组织，宗旨是"用思想的力量改变世界"，它的核心活动 TED 大会每年举办一次，邀请全世界的思想领袖和实干家来分享他们最热衷从事的事业——有关科技、社会、文化和人类的思考与探索。

1984 年，美国建筑设计师理查德·沃曼和哈里·马克思共同创办了 TED，自 1990 年开始，为期 4 天、1 000 人参加的 TED 大会热闹开幕。每位 TED 演讲者被邀请上台进行 18 分钟以内的演讲。每年 3 月，美国加州的海滨小城长滩市都会因 TED 大会的举办而热闹起来，从机场到会场的道路两旁挂满了红色的 TED 标志。

TED 网站这样介绍道："你是否想象过有一天史蒂芬·霍金给你讲宇宙？或爱德华·威尔逊给你讲生物学？电视和媒体讲述的大部分都是我们已经

知道的东西，而 TED 却告诉我们那些不知道的。"

在这个讲台上，乔布斯曾用极其诗意的语言推出了第一款苹果家用电脑；索尼公司介绍了日后带来存储革命的 CD 光盘；美国前副总统戈尔有关气候变暖的演讲，成为奥斯卡最佳纪录片《难以忽视的真相》的缘起；比尔·盖茨呼吁关注美国财政对于教育体系的消极影响，并自此创立盖茨基金会——他和戴维斯·古根海姆合作的纪录片《等待超人》说的就是如何为孩子创造更好的教育方式。

演讲者都是行业翘楚和神话缔造者，而在 18 分钟内把自己思考了大半辈子的事情说清楚，并不是件容易的事。这造就了 TED 独特的演讲风格：没有例行的开场白或感谢辞，直接进入主题，不过分苛求细节，不仅有心智上的启发，还有情感上的感染，当然，肢体语言必不可少，再来几个小段子，增加些幽默元素，就更加迷人。

如果你以为 TED 只有大牌，那就错了。和现实世界的领导者们比起来，那些在各自领域里默默耕耘的无名人士正在扩大着 TED 的演讲魔力。TED 选择演讲者的标准只有一个——不同凡响。这些人的"不同凡响"就意味着惊心动魄的故事、激动人心的壮举、令人拍案的创意、引领潮流的设计，以及回味无穷的经历。有的演讲者是警察，他们在尝试新的方法与囚犯接触；有的演讲者是魔术师，他借用 iPod 展现科技产品与魔术碰撞出的火花。观众开始发现，TED 在歌颂着这样一种新的成功：一些普通人，通过街头唱歌、拍纪录片、有机农耕、开发盲人汽车等各种方式，来参与到这个社会中，而不仅仅是为自己谋取最大的利益。

2001 年，科技记者出身的英国人克里斯·安德森成为 TED 的新掌门人，他的开放意识使 TED 的触角伸向艺术、教育、自然、宗教等领域。于是，孤身滑雪到北极的探险家、欧洲大型强子对撞机的设计者、从土星归来的

天文学家、在一滴海水中发现数百万新物种的生物学家都出现在TED的讲台上，如今的TED，成了各路达人的舞台。

一、18分钟

在18分钟内完成一个有魅力的演讲，并不是件容易的事情。18分钟听起来太过短暂，似乎无法传达足够多的信息。然而，TED大会策办人安德森决议推行这项时间限制规则，因为"这个时间长度足够庄重，同时又足够短，能够吸引人们的注意力。你不应该只说话，还需要有十足的表现力，让台下的观众获得很棒的视听体验。无须寒暄太多，直接进入主题。你的任务是讲好一个故事，而非很多个故事"。

他们希望通过迫使那些习惯于滔滔不绝的嘉宾把演讲时间压缩至18分钟。"这样，你就可以让他们认真思考他们真正想说的话"，他说，"如果你希望你的信息像病毒般扩散，这也是一个完美的时间长度"。他还举例说，物理学家或许会大加赞赏天文学家大卫·克里斯蒂安在2011年TED大会上发表的演讲。克里斯蒂安在这个演讲中完整地讲述了宇宙史及地球在宇宙的地位，整场演讲用时只有17分40秒。

安德森认为，即使一篇演讲无法提炼到这样的程度，单是这番努力也一定能改善演讲的效果，"仅仅通过这番提炼，你就可以大大增强陈述的创造性和影响力"。

二、TED Talks

2006年，TED开始将每年的演讲做成"TED Talks"系列视频，免费上传至互联网，它的形式仿佛是在线公开课，并由全球志愿者提供多达32种语言的字幕翻译。这个大胆的开放之举，使得TED从每年1 000人的大会，发展到每天有10万人浏览的网络社区。于是，将TED建设成为一个线下与线上兼顾、参与者遍布全球的创新交流社区，成为了TED粉丝的使命。

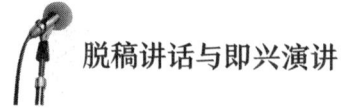

三、TEDx

TEDx 是全世界 TED 爱好者的组织，它的命名格式是"TEDx 城市名"。粉丝们会在各自的所在地召集 TEDx 活动，分享演讲视频、结识朋友、展开讨论，最大限度地将 TED 的精华传播出去。同时，他们也志在挖掘本地的精彩演讲者，如印度天才少年普拉纳夫发明的第六感装置几乎让全世界为之震撼，而这项关于物理世界和数字世界互联的创世发明就在 TEDxIndia 上首次公开。截至目前，这样的集会在全球已经超过了 2 000 场。

四、TED to China

TED to China 是一个完全由志愿者出钱出力把 TED 演讲引入中国的组织。他们关注的是什么样的人会聚集在 TED 周围，以及怎样带领这些人践行更好的想法，怎样通过 TEDx 挖掘更多的力量，产生积极的效应。

北京、上海、广州、厦门、珠海等地都逐渐有了随 TED 传播而来的兴趣小组。TEDxFuzhou(福州)的成员们青睐小而精的活动，每周三在某个酒吧、咖啡厅里播放 TED 视频；TEDxTaipei（台北）正在致力于把 TED 定位成一个说故事的平台，挖掘台湾本土的人和事；TEDxHongKong（香港）的主办者 Gino 已经去过三次 TED 大会了，他开始与香港的门萨、ThinkFun 等精英俱乐部合作，获取社会资源。

（以上内容根据网络资料整理）

TED 教你"七招制胜"

下面是 TED 演讲时的七大技巧。

一、从"为什么"开始，而非"做什么"

太多人在准备演讲的过程中关注"做什么"和"怎么做"，却没有思考"为什么"——为什么要做这个演讲，为什么要影响他人，为什么觉得你的观点值得传播？当我们沉下心来思考这些问题的时候，才发现这个"为什么"才是最为核心的。为什么 TED 演讲能够吸引人，答案就在于它是每一个听众内心的折射，它代表着每一个人内心的渴望——每个人的内心都有一个想去分享的冲动，每个人的内心都有一个改变世界的愿望，只不过我们常常将它淹没。

西蒙·斯涅克发现，普通人和普通公司会从他们在"做什么"开始分享，如果我们幸运的话，还会听他们分享一些是如何做到的经验。相反，激励型领袖和杰出的公司首先会分享他们从事当下工作的理由，然后再告诉大家他们做这些事情的方式。他们把"做什么"留到最后。

西蒙将这个发现精炼成了优雅的"黄金圈"理论：把它想成一个箭靶，"做什么"在外圈，"怎么做"在中圈，"为什么"在内圈。伟大沟通者的工作方式是由内往外做。

西蒙没有将这个秘密留给自己，因为他毕生的追求就是"鼓励别人，让他们做能鼓励自己的事情"。于是他在 TEDx 演讲中分享了他的发现。

直到今天，西蒙·斯涅克的演讲依然是 TED 上点击率和传播率最高的演讲之一。你会发现，这段演讲录制的效果并不太好，场地也不雄伟，甚至演讲者本人也没有用 PPT。他只用了一张白板就开始讲解观点，但这个观点特别让人振奋，因为真正打动人心的其实就是一个值得传播的观点。西蒙演讲的核心观点就是"从为什么开始"。当你去区别平庸公司和优秀公司，区别成功者和一般人时，你会发现：这些成功者往往都是从"为什么"开始思考的，而不是从"怎么做"或者"做什么"开始。

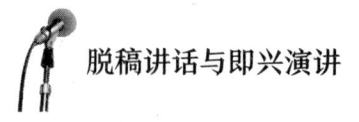

二、专注"一个"观点，用故事推进演讲

演讲者常犯的一个最大的错误就是试图通过一次演讲传达一生所学。其实，专注于一个观点，能让你更清晰地组合你的材料。有时候，尽管你有一个很棒的案例，但却不能直接支撑你的信息，那么无论你多么想用它，都应该放弃。

很多时候，演讲者在发表了一段包装精美、高度精练的言论后，才最终得出结论。他非常希望听众了解更多，所以不断增加观点或者建议，但已经脱离了讲演的中心，这种思路混乱的情况反而大大降低了演讲的整体影响力。

专注"一个"观点，用故事来推进演讲，这是 TED 演讲者共同的做法。故事不仅仅是 TED 讲演的核心，它也是观点最有力的证明。

"我能讲的最让人感到惊奇的故事是什么？"这是每一个演讲者首先要思考的问题。好的演讲者通常是一个擅长讲故事的人，他将演讲内容集中在一个故事上，然后声情并茂地讲述这个故事，并在结尾处揭示道理。当然更多的演讲者，是用多个故事作为观点的支撑，来丰富讲演的内容。但不管怎样，用故事推进演讲，是十分有效的。

通常，讲故事的演讲者会用第一人称展开叙述，其中最著名的例子是吉尔·波特·泰勒的 TED 演讲《泰勒的奇迹》。

泰勒在故事的开篇就提到她的工作内容以及为什么会选择这份工作。她是一名研究员，在哈佛医学院精神病学系从事严重精神疾病的研究。她选择这样的人生是为了帮助患有精神分裂症的人们，而这其中包括她的弟弟。但在 1996 年 12 月 10 日，也就是她 37 岁的时候，泰勒发现自己患上了非常罕见的疾病——一种由出血引起的中风，这种疾病会影响左脑的语言中心。在竭力弄清楚发生了什么并寻求帮助的过程中，她体验到左脑屏蔽，

完全活在右脑意识中的奇特感受。幸运的是，泰勒不停地想办法调动已经出血的左脑，在多次努力后终于依靠瞬间意识拨通了同事的电话，叫来了救护车。三周后泰勒接受手术摘除了一个高尔夫球大小的血块，经过 8 年的休养最终完全康复。

故事结尾时，泰勒以非常戏剧化的方式说出了观点："我深信，只要我们花更多时间去关心右脑，寻找那片内在的宁静，就会为这个世界带来更多的和平，我们的地球也将变得更美好。我认为，这是一个值得传播的观点。"

以第一人称来讲故事，就意味着你必须讲你亲身经历或者观察到的故事。一个具有个人色彩的有主题的故事，效果是立竿见影的。

故事讲述的黄金法则是"展现，而非讲述"。换句话说，就是你需要在台上重新创作你的经历以再现你的故事，而不是简单地复述。因此你要让你的情绪渗透其中，让细节变得生动鲜活。好的故事会让听众从过程中领会智慧，而不是只想听到结果。

三、将观点提炼成口号

让我们再从西蒙·斯涅克的演讲说起，尽管"黄金圈"这种说法可谓匠心独运，但还是无法引起爆炸式的传播效果。设想一下，有一个人向你走来，说了一句："嗨，你想知道在商业和人生中成功的秘籍吗？"当你正准备吸收智慧时，他来了一句："其实很简单，就是黄金圈理论！"想必你会大失所望。如果不加以解释，黄金圈理论的意义是很狭隘的，它不会号召你付诸行动或是改变你的观点。

但是西蒙先生在 TED 演讲中使用了一个新技巧。他将他的理念提炼成了一个醒目的口号：从为什么开始。"从为什么开始"这几个字非常明确地告诉你当前需要做什么才能成为一个更能激励人心的领袖。

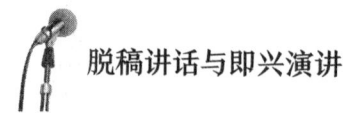

怎样让口号令人难忘?

第一是要短小精悍。西蒙在他的演讲中使用了三个口号。第一个口号有 12 个词: "People don't buy what you do; they buy why you do it"(人们不关心"你做了什么",他们更在意"你为什么这样做")。第二个口号有 6 个词: "People who believe what you believe"(人们信你所信)。当然,三个口号中最简洁的还是"从为什么开始"。

这个方法在各个领域的演讲中都非常适用,包括政治领域。看一下奥巴马总统的口号,你就能感受到了: "Hope and Change"(希望和变革); "Pass this bill"(通过这项法案); "We can't wait"(我们不能再等了); "Yes, we can"(是的,我们行)。

第二是"以行动为中心"。这样的口号能够发出一个明确的行动信号,包括"从为什么开始"在内的许多口号都以动词开头。下面这几个口号尽管在内容方面略显过时,但却拥有相同的结构: "追寻自己的幸福""把握今天",以及"说出真相"。

此外,当你使用了一个两段式的口号时,与第一段相比,第二段通常相对积极。"人们不关心你做了什么"就是一个否定表述,"那么接下来,他们该如何做?""他们更在意你为什么这样做"满足了听众迫不及待获得答案的需求。如果西蒙说的是"人们在意你为什么这样做,而不关心你做了什么",就不会有同样的吸引力。

四、设法让你的开场白引人入胜

演讲的前一两分钟,甚至 10 ~ 20 秒,是观众参与程度最高的时刻,如果这段时间观众没有能被演讲者吸引,那此后观众的注意力就不可能再转回来。因此,演讲高手都会在演讲的开头不遗余力地调动会场的气氛,而在余下的时间引导观众的情感变化。

在 TED 演讲中，最成功的是以故事开场的形式。在文学和戏剧中，开场白蕴含着起到决定作用的细节，它会给出有关人物性格和相关环境的背景故事，这些东西能够让观众在第一时间把握情节。其实，演讲也一样。

用故事开场要注意的是，首先，讲自己的故事并分享自己的感受；其次，确保故事和你的中心思想密切联系；最后，让你的故事充满感情。

中国著名节目主持人杨澜在一场苏格兰的 TED 演讲中，作了题为"中国新一代"的演讲，她是这样用故事开场的。

就在来苏格兰作 TED 演讲的前夜，我被邀请去上海做"中国达人秀"决赛的评委。在装有八万现场观众的演播厅里，台上的表演嘉宾是来自苏格兰的苏珊大妈。她唱得很动听，最后还对观众说了几句中文，她并没有说简单的"你好"或者"谢谢"，她说的是"送你葱"。为什么？这句话其实来源于中国版的"苏珊大妈"——一位五十岁的以卖菜为生，却对西方歌剧有出奇爱好的上海妇女蔡洪平。这位中国的"苏珊大妈"并不懂英语、法语或意大利语，所以她将歌剧中的词汇都换作中文蔬菜名，并且演唱出来。在她口中，歌剧《图兰朵》的最后一句便是"Song Ni Cong"。当真正的英国苏珊大妈唱出这一句"中文的"《图兰朵》时，全场的八万观众也一起高声歌唱，场面的确有些滑稽。我想，苏珊和蔡洪平的确属于人群中的少数。她们是最不可能在演艺界成功的，而她们的勇气和才华让她们成功了。这样看来，与众不同好像并没有那么难。从不同的方面审视，我们每个人都是不同的。但是我想，与众不同是一件好事，因为你代表了不一样的观点，你拥有了做出改变的机会。

当然，你也可以以最震撼人心的事实开场，比如著名的营养学家、厨师杰米·奥利佛就很好地使用了这个方法。

令人遗憾的是，在接下来我演讲的 18 分钟内，将有 4 个美国人因为他们食用的食物而离开人间。我杰米·奥利佛，来自英格兰。在过去的7年中，我夜以继日地工作，只为能用自己的方式拯救更多的生命。我不是医生，我是个厨师，没有昂贵的仪器和药物。我能运用的是知识和曾经接受过的训练。我坚信食物在日常生活中处于最主要的位置，甚至是我们生活中最重要的幸福来源。

奥利佛通过揭露一个震撼人心的事实紧紧抓住了观众：每天因为食物而丧生的人有很多，而且不是在占世界一半的发展中国家，是在美国。生存是人类最基本的需求。奥利佛把生存和死亡提出来，让观众等待发现为什么会发生这样的事，以及如何继续活下去。

五、让你的幽默引爆现场

一段话能否引人发笑，不仅取决于这段话的内容，还取决于这段话呈现的方式。

前文提到过的脑部研究专家吉尔·伯特·泰勒，讲到她是如何在中风发作时对自己进行研究的。这本是一个催人泪下的话题，但泰勒女士却让听众捧腹大笑，她把自己描述成了一个超级书呆子。

就在那一瞬间，我的右胳膊彻底麻木了。我此时才惊觉："我的天啊，我中风了！我中风了！"下一秒，我的大脑告诉我说："哇，这太酷了，太酷了！"

这种自我贬低的幽默简单易行，且效果显著。在这个社会中，我们习惯于保持体面。而当演讲者自愿放下防备，表明自己实际上是一个有缺陷的普通人时，我们会不由自主地哈哈大笑。

夸大事实也很容易引人发笑。最简单的方法是将一个寻常人放在一个非同寻常的环境里，或者把一个非同寻常的人放在一个寻常的环境里。演讲者肯·罗宾逊爵士将一个非同寻常的人——莎士比亚，放在了一个寻常

的环境里。

因为你忽略了莎士比亚曾经也是个孩子，对吧？比如莎士比亚7岁？我从没想过。我是说他在7岁时的某个时刻，他那时在上英语课，不是吗？这得多烦人啊？莎士比亚的父亲催他上床睡觉，说："现在去睡觉！把笔放下。别再写那些东西了，别人看也看不懂"。

幽默是演讲中必不可少的元素，但是有一个问题需要避免，那就是无论如何，避免使用在别处听到或者读到的笑话。这种笑话人人都可以接触到。如果听众中有人听到过这个笑话，那么演讲者就会陷入尴尬的境地，并立刻被观众视为缺乏创新性。因此，如果演讲者试图增加幽默感，请务必选择原创幽默。你可以对个人经历中的角色、时间和对话进行戏剧化夸张，并通过一些非语言技巧来增强效果，如将面部表情和手势与讲述的幽默同步起来。

六、别让 PPT 变成考试作弊小抄

多数人一想到演讲，脑海中就会浮现出设计精巧、图片丰富的幻灯片，这也的确是真实的情况。但事实上，在点击率最高的前10位 TED 演讲者中，有4位都没有用 PPT，包括点击率最高纪录保持者肯·罗宾逊爵士。

TED 的策划人甚至说，TED 大会让我们所知的 PPT 走向终结。原因在于，作为工具的 PPT 本身并没有什么错，但大多数演讲者为他们的幻灯片塞进了太多的单词（平均40个）和数字，让这种工具不经意间带来了消极影响。

如果你必须使用幻灯片，要谨记一点：PPT 的目的是为了帮助观众理解，而不是考试作弊的小抄。因此设计原则是"越少越好"，不要吝啬留白，并且多用图，少用文字。

这种做法同样有科学依据，它就是研究人员所称的"图优效应"：听到或读到一组事实三天后，大多数人会记得大约10%的信息，而添加一张照片或图片后，记忆率将上升至 65%。华盛顿大学医学院分子生物学家约翰·梅迪纳主持的研究发现，几天后，人们能够回想起超过 2 500 张图片，准确率至少达到 90%；一年后的准确率依然保持在 63% 左右。梅迪纳的研究表明，这个结果"完胜"印刷品和演讲的记忆效果（由同一组受试者测试）。

七、讲台不能成为沟通的障碍

使用讲台的理由是要刻意展示力量和权威。比如奥巴马不使用讲台的时候，会脱下外套，把袖子圈起来。但当他站在讲台后面的时候，就一定会穿正装，打领带，并把西装扣子扣好。

而对于 TED 演讲而言，演讲者的目的是为了激励和鼓舞观众，讲台是大敌。因此，演讲者要设法让自己从讲台后面走向观众，当然必须因此配上无线话筒。

如果你开始走动，就真正地走动起来，不要只是不自然地踱到讲台的侧面或者前面，看起来像给讲台拴住了一样。此外，你的走动是有目的的，并非仅仅是因为变化姿势或者图舒服，更不是为了释放紧张情绪。

如果你不得不站在讲台的后面，务必记住不要在讲台上摇晃身体。双手以舒适的姿势放在讲台上，而不是抓住讲台的侧边，甚至抓住讲台的前端。除非你是个疯狂的独裁者，否则请不要捶讲台。

每个人的内心都有想去分享的冲动，每个人的内心都有改变世界的愿望，只不过我们常常将它埋没。

如果我们学会了 TED 演讲技巧，无论是在教室、学校，还是在舞台上，甚至是各种会议和典礼上，我们都能更好地表达自己，影响他人，并因此改变我们的职业生活。

（以上内容摘编自《揭开 TED 的秘密——18 分钟改变世界》一书，略有删改）